Martina Leisten

UNDER PRESSURE

S. 85
S. 88
5. 93

Martina Leisten

UNDER PRESSURE

Innere Anspannung und
selbst gemachten Stress
reduzieren in 7 Schritten

mvgverlag

Bibliografische Information der Deutschen Nationalbibliothek

Die Deutsche Nationalbibliothek verzeichnet diese Publikation in der Deutschen Nationalbibliografie.
Detaillierte bibliografische Daten sind im Internet über http://d-nb.de abrufbar.

Für Fragen und Anregungen

info@mvg-verlag.de

Wichtiger Hinweis

Ausschließlich zum Zweck der besseren Lesbarkeit wurde auf eine genderspezifische Schreibweise sowie eine Mehrfachbezeichnung verzichtet. Alle personenbezogenen Bezeichnungen sind somit geschlechtsneutral zu verstehen.

Originalausgabe
1. Auflage 2021
© 2021 by mvg Verlag, ein Imprint der Münchner Verlagsgruppe GmbH
Türkenstraße 89
80799 München
Tel.: 089 651285-0
Fax: 089 652096

Redaktion: Caroline Draeger
Umschlaggestaltung: Sonja Vallant
Umschlagabbildung: shutterstock/Zaie
Layout und Satz: Ortrud Müller, Die Buchmacher – Atelier für Buchgestaltung, Köln
Druck: Florjancic Tisk d.o.o., Slowenien
Printed in EU

ISBN Print 978-3-7474-0356-3
ISBN E-Book (PDF) 978-3-96121-745-8
ISBN E-Book (EPUB, Mobi) 978-3-96121-746-5

Wir produzieren
nachhaltig
www.m-vg.de

Weitere Informationen zum Verlag finden Sie unter

www.mvg-verlag.de

Beachten Sie auch unsere weiteren Verlage unter www.m-vg.de

Für alle, die häufig unter Druck stehen,
darunter leiden und für sich neue Wege finden möchten,
sich vom Druck und den Folgen zu befreien.

Für alle, die ihre Zähne lieber beim Lächeln zeigen möchten
anstatt nachts mit ihnen zu knirschen.

Für alle, die der imaginären Kneifzange von außen
entkommen und ein zufriedenes und
entspanntes Leben führen möchten.

Also für all jene, denen es so ergeht,
wie es mir selbst lange Zeit ergangen ist.

INHALT

1.
ACHTSAMKEIT:
NIMM WAHR,
WAS IST!

EINIGE WORTE ZU BEGINN

Unser Alltag ist ein wunderbarer Schauplatz für Drucksituationen. Manchmal gibt es Zeiten, da reiht sich eine Situation nahtlos an die nächste. Da erinnert nicht nur der Chef stündlich an das Einhalten der ach so dringenden Deadline und raubt einem den letzten Nerv. Sondern gleichzeitig ruft der Ehepartner an und fragt, ob es beim Einkauf für das Abendessen denn wirklich wieder »ohne Kohlehydrate, vegan und reich an Proteinen« sein müsse oder ob man sich nicht einfach mal wieder eine anständige Pizza vom Italiener bestellen könne. Während man ablehnt und daran erinnert, dass man sich gemeinsam vorgenommen hat, von nun an gesünder zu leben, kippt die Stimmung. Zu Hause angekommen will man sich dann ein Bad zur Entspannung einlaufen lassen, sieht sich nackt im Spiegel und verbringt die Zeit in der Wanne damit, sich bei einem neuen Online-Diätprogramm zu registrieren, das verspricht, dass man endlich langfristig ohne Jo-Jo-Effekt abnehmen wird. Um den Entschluss zu feiern, macht man sich ein Glas Wein auf und gönnt sich dann noch die ganze Tafel Schokolade mit einem Kakaoanteil von neunzig Prozent. Das ist die, die angeblich nicht dick macht. Oder anders formuliert: die, die nicht so dick macht wie die anderen. Die jedoch schmeckt, als habe man sich einen Löffel pures Kakaopulver auf die Zunge geschmiert, und nach der man sich schwört, sich, nie wieder auf solche Abnehmtipps zu hören. Kaum ist man aus der Wanne gestiegen, kommt der Partner mit der »anständigen Pizza« zur Tür rein, die er jedoch nur für sich geholt hat, da man selbst sich ja sicherlich schon etwas Gesundes gekocht habe. Der Abend verläuft wortkarg. Die Luft ist zum Schneiden. Und das Letzte, worauf man jetzt noch Lust hat, ist der Anruf der Schwiegermutter, die fragt, wann man denn endlich mal wieder mit den Enkelkindern vorbeikommt. Es sei ja schon ziemlich lange her seit dem letzten Mal.

Es gibt sie. Diese Tage. An denen hört er einfach nicht auf. Dieser Druck.

Und dann gibt es zum Glück auch Zeiten, da fühlt sich das Leben an wie ein ruhiger, beschaulicher Fluss. Alles läuft wie am Schnürchen, man erhält Lob und Anerkennung und ist vollkommen zufrieden in jedem Lebensbereich. Vor dem inneren Auge sieht man sich dann vielleicht wie im Film »Jenseits von Afrika« auf der Veranda in einer Hollywoodschaukel mit dem Blick auf die Weite der Savanne sitzen. Oder in der Uckermark im eigenen Traum vom Reihenhaus, wo man gerade den Garten bepflanzt, während die Kinder mit dem Hund toben. Man ist im Reinen mit sich und der Welt und egal, was im Außen passiert, es prallt an einem ab. Leider hält dieser Zustand meist nicht ewig an.

Ob im Privaten, im Business oder in der Freizeit. Wir alle kennen Druck, der sich von außen an uns oder andere richtet. Vielen von uns wurde bereits als Kleinkind mitgeteilt, dass der Papa jetzt aber auf gar keinen Fall gestört werden dürfe, weil er gerade erst von der Arbeit heimgekommen sei und sich erst einmal von dem Stress dort erholen müsse. Oder, dass die Mama richtig »ins Schwimmen« geraten ist, um das Abendessen für alle pünktlich auf den Tisch zu zaubern, nachdem sie uns ja vorher noch vom Sporttraining abholen musste. Ganz zu schweigen von der Lehrerin, die fast flehend im Klassenraum um Ruhe bittet, weil ihre Nerven das sonst nicht mehr lange mitmachen. Man lernt also schon sehr früh von den Erwachsenen, dass Druck oder Stress etwas ist, was es zu vermeiden gilt.

Was man ebenfalls lernt ist, dass sich Druck von außen auch auf das eigene Innere überträgt. Man fühlt sich gestresst, genervt oder leidet unter Verspannungen, die man sich nicht erklären kann, schließlich macht man regelmäßig Sport. Die Auswirkungen des inneren Drucks sind jedoch noch viel weitreichender. Menschen, die sich in der eigenen Perfektionsfalle befinden, wissen, dass sie selten bis nie zufrieden mit dem Ergebnis sind, egal, wie sehr sie sich bemühen. Und das frustriert auf Dauer ungemein. Nicht nur einen selbst. Sondern oft auch die Menschen, mit denen man sich umgibt.

Die individuellen und gesellschaftlichen Folgen von Druck ziehen sich unübersehbar durch nahezu alle Gesellschafts- und Altersschichten. Mittlerweile leiden bereits Schulkinder unter Burn-out. Eltern konnten in Zeiten des Lockdowns über Facetimecalls mit ihren Freunden weingeschwängert ein Klagelied übers »Homeoffice« plus »Homeschooling« singen. Und nicht wenige Menschen sind regelrecht süchtig nach »Fitness«, angeheizt durch die Heerschar der Fitnessblogger in den sozialen Medien. Manchmal scheint es sogar, dass – je älter man wird – der Druck und seine Folgen wachsen. Schön akkurat, die Kleidung glatt gebügelt, mit vollem Haar auch im Alter fit und erfolgreich zu sein treibt so manchen an die Grenzen des chirurgisch Machbaren. Einzig und allein die Hoffnung auf die wohlverdiente Rente scheint viele von uns zu beruhigen, und dass der »ganze Stress« dann endlich mal ein Ende hat. Ob jedoch wirklich jeder von uns seinen Lebensabend ohne finanziellen Druck genießen kann, steht auf einem anderen Blatt.

Dieses Workbook wurde geschrieben, um den Fokus auf das zu richten, was viele von uns (unbewusst) vermeiden: sich einmal genauer anzusehen, was das Druckgefühl entstehen lässt und so dem »Teufel« direkt ins Auge zu schauen. Durch das Erlernen achtsamer und differenzierter Wahrnehmung werden wir »vorne« im Prozess ansetzen. Das Übel werden wir direkt an der Wurzel packen. Wie beim Unkraut, das immer wieder nachwächst, so man es nicht angeht, steigt das Druckgefühl sonst immer weiter. Man wird seiner nicht Herr. Jedoch gehen wir hier nicht martialisch mit Unkraut-Ex vor, sondern, ganz im Gegenteil, sehr aufmerksam und fürsorglich.

Im Vordergrund stehen die Übernahme der Eigenverantwortung und die Erkenntnis, dass man es selbst in der Hand hat, durch neue Methoden und Fragen Verhaltensweisen zu etablieren, die auf lange Sicht dabei helfen, mit Druck auf eine ganz neue Art und Weise umgehen zu können und sich selbst dabei treu zu bleiben, vielleicht sogar treuer als jemals zuvor im Leben. Denn ein verbesserter Umgang mit Druck hat auch sehr viel mit der eigenen Authentizität zu tun. Wer besser weiß, wer er ist, was er will und was er kann, den »haut« in Zukunft so leicht nichts »aus den Socken«, selbst wenn der Druckpegel im Außen steigt. Dieses Workbook verhilft dazu, Schritt für Schritt diesen Weg zu gehen. Die Dinge in Angriff zu nehmen. Um am Ende gelöst und stolz auf das Erreichte blicken zu können.

Und dieses Buch will dabei eines nicht: dich unter Druck setzen. »Tu dies, tu jenes, sei so, sei so nicht«, dies wird es hier nicht geben. Auch keine Ermahnungen à la: Achte noch hier- oder darauf, pass bloß hierbei auf und mach um Himmels willen bloß nicht dies oder jenes. Hier findest du stattdessen Anregendes, Ermunterndes, Ermutigendes, Motivierendes, Animierendes und vor allem Unterstützung auf deinem Weg zu einem Leben, das sich leichter, freier, fröhlicher und einfach lebenswerter anfühlt.

Wenn du Fragen nicht beantworten kannst oder willst, dann ist das so. Manchmal fällt es an einem anderen Tag leichter. Oder vielleicht ist das Thema einfach nicht dein Thema. Auch wenn du das Buch nur liest und nicht aktiv bearbeitest, wirst du sicherlich zu neuen Erkenntnissen gelangen. Der Unterschied vom Lesen bzw. Sich-Gedanken-Machen zum selbst geschriebenen oder ausgesprochenen Wort ist jedoch, dass Letztere nicht nur besser im Gedächtnis bleiben. Sie helfen dir auch, ins Fühlen zu kommen und hierdurch Veränderungen leichter vornehmen zu können. Es liegt bei dir, wie weit oder tief du eintauchen möchtest und wie sehr du dich auf den Prozess einlassen willst oder kannst. Hier gibt es kein richtig oder falsch. Es ist dein Leben! Dein Prozess! Dein Workbook!

Man kann einen Menschen nichts lehren,
man kann ihm nur helfen,
es in sich selbst zu entdecken.

Galileo Galilei, Universalgelehrter

(R)EINE DEFINITIONSSACHE

Zu Beginn findest du hier ein paar grundlegende Definitionen zum Thema Druck. Denn obwohl Druck allgegenwärtig und als Begriff den meisten von uns mehr als vertraut ist, werden die Begriffe »Druck«, »Stress«, »Erwartungen« oder »Anforderungen« im Alltag häufig synonym verwendet. Um besser differenzieren zu können und zu verstehen, worum es beim Umgang mit Druck gehen wird, werfen wir zunächst einen Blick auf den Begriff »Druck« selbst.

Druck ist, rein physikalisch betrachtet, die Kraftausübung eines Objektes auf ein anderes Objekt. Durch diese Einwirkung kann es zu möglichen Reaktionen kommen wie Verformung oder Bruch bei einem der Objekte. Auf uns Menschen bezogen bedeutet Druck, dass ein Mensch oder eine Situation einen Einfluss auf einen anderen Menschen ausüben möchte. Diesem Einfluss liegt eine bestimmte Absicht zugrunde. Beispielsweise möchte der Chef einer Vertriebsfirma, dass sein Mitarbeiter schneller arbeitet und nicht so viel Zeit in Small Talk mit den Kunden investiert, damit er aus Chefsicht in kürzerer Zeit mehr Verkäufe schafft und deshalb für bessere Umsätze sorgt. Damit der Mitarbeiter dies leistet, übt der Chef Druck auf ihn aus, um eine Veränderung des Verhaltens zu bewirken. Der Chef könnte dem Mitarbeiter beispielsweise drohen, dass sein Job langfristig in Gefahr ist, wenn er in Zukunft nicht schneller arbeitet. Dies wäre dann für den Mitarbeiter, der den Job behalten will, ein enormer Druck, da seine finanzielle Situation auf dem Spiel stünde. Der Chef könnte dem Mitarbeiter aber auch mitteilen, dass er im Vergleich zu den Kollegen ziemlich schlecht abschneidet und er sich anstrengen soll, auf ein ähnliches Pensum zu kommen, da ansonsten die anderen mehr Arbeit für ihn mitmachen müssten. Auch hier wird Druck ausgeübt, und je nachdem, wie die soziale Konstitution des Mitarbeiters ausgeprägt ist, könnte er sich seinen Kollegen gegenüber schlecht fühlen und nachts grübelnd im Bett liegen. Was aber, wenn der Mitarbeiter weiß, dass seine Leistung auch im Vergleich zu den Kollegen total in Ordnung ist und er vielleicht sogar »das Spiel« seines Chefs durchschaut? Er würde nichts an seinem Verhalten ändern und es gäbe somit keine Reaktion.

> Druck auszuüben ist der Versuch,
> jemanden durch einen bestimmten Einfluss
> dazu zu bringen, ein bestimmtes Verhalten an den Tag zu legen.
>
> Mögliche Reaktionen auf Druck von außen können sein:
> Veränderung, Stress oder keine Reaktion.

Ändert sich als Reaktion das Verhalten, kann dies, wie am Beispiel von Chef und Arbeitnehmer gezeigt, dazu führen, dass die gewünschte Forderung, nämlich schneller zu arbeiten und für mehr Umsatz zu sorgen, vom Mitarbeiter erfolgreich umgesetzt wird. Dies wäre dann das Paradebeispiel eines Mitarbeiters, den sich alle Chefs sehnlichst wünschen. Eine Aufforderung wird nicht nur befolgt, sondern sie führt auch noch zum gewünschten Ergebnis.

Die Realität in der Arbeitswelt belehrt uns indes eines Besseren. Viel häufiger als die gewünschte Veränderung wird durch die Ausübung von Druck nämlich beim Mitarbeiter Stress als Reaktion hervorgerufen. Stress aber bedeutet, dass sowohl eine körperliche als auch eine psychische Reaktion stattfindet.

Unser Körper ist so ausgestattet, dass er seit Urzeiten auf Gefahren mit Stress, also dem Ausschütten von Stresshormonen, reagiert. Diese Antwort des Körpers soll uns dazu veranlassen, angemessen auf eine Gefahr zu reagieren. Unterschiedlichste Mechanismen wie Angriff, Flucht oder Erstarren sind hierbei möglich. In unserem Alltag sind wir heutzutage in den wenigsten Fällen den Angriffen eines riesigen Wildtieres ausgesetzt. Jedoch wirken die Urmechanismen weiterhin zuverlässig.

Relevant an dieser Stelle ist – neben den körperlichen Vorgängen – die psychische Reaktion auf Druck von außen. Es gibt nämlich zwei Arten von Stress: positiven (Eustress) und negativen (Distress).

Die Vorsilbe »Dis-« aus dem Lateinischen heißt »schlecht«, und so beschreibt der Begriff »Distress« die Art von Stress, die uns in die Knie zwingt, uns blockiert und uns einfach fertig macht. Konkret würde Distress für den Mitarbeiter bedeuten, dass die Anforderung des Chefs von ihm als zu fordernd und als nicht umsetzbar empfunden würde. Er müsste beispielsweise unbezahlte Überstunden dafür leisten oder aber er es drohen durch das schnellere Arbeiten kostspielige Ungenauigkeiten und Fehler, die wiederum einen negativen Effekt auf seine Arbeitsleistung hätten.

Umgekehrt weist das »Eu-«, das »gut« bedeutet, darauf hin, dass es offensichtlich auch Stress geben kann, der förderlich ist, der uns motiviert und zu Höchstleistungen anspornt und uns manchmal regelrecht »Flügel verleihen« kann. Würde sich der Mitarbeiter durch die Aufforderung des Chefs angespornt und in seinem Selbstwert bestärkt fühlen, könnte er sich voller Freude daranmachen, mehr zu verkaufen. Vielleicht würde ihm sogar ein Bonus für die gute Leistung winken, der ihn noch zusätzlich motivierte.

Wie man sieht, kann man auf zwei Arten auf Stress, der ja eine Reaktion auf Druck ist, antworten. Dies könnte zu der Annahme führen, es gebe auch unterschiedliche Arten von Druck. Sowohl die Botschaft

(Message), d.h. der Inhalt der Druck ausübenden Botschaft, als auch die Antwort (Response), also die individuelle Reaktion auf die Message, könnten eine Rolle spielen.

> Das individuelle Druckempfinden
> kann ebenso wie der ausgesendete Druck
> positiv oder negativ sein.

»Keine Reaktion« zu zeigen wäre eine weitere Möglichkeit, auf Druck zu reagieren, und zwar in unterschiedlicher Form. Wie zuvor im Beispiel angedeutet, kann es sein, dass die Aufforderung des Chefs den Mitarbeiter im wahrsten Sinne des Wortes »kalt« lässt. Dies könnte als Verweigerung aufgefasst werden, die wiederum negativ auf den Mitarbeiter zurückfiele. Es könnte ebenfalls bedeuten, dass ihn die Druckbotschaft nur emotional nicht erreicht und somit nicht unter Stress setzt, aber dennoch dazu führt, dass die Aufgabe übernommen und erfolgreich ausgeführt wird. Oder aber der Mitarbeiter könnte ruhig und gelassen mit dem Chef in Verhandlung treten und das geforderte Ziel neu aushandeln, worauf man sich einvernehmlich auf ein anderes Ergebnis einigte.

Anhand der unterschiedlichen Reaktionsmöglichkeiten wird deutlich, dass »keine Reaktion« im Sinne der Aufforderung nicht zwangsläufig ein Nicht-Handeln oder Nicht-Reagieren bedeutet. Vielmehr führt der ausgeübte Druck weder automatisch zum Handeln noch überträgt sich der Druck als Stress direkt auf den Mitarbeiter. Offensichtlich scheint »keine Reaktion« für den Mitarbeiter die bestmögliche Reaktion zu sein.

> Sich durch Druck von außen nicht automatisch
> zu einer Reaktion bringen zu lassen

bedeutet nicht, nicht zu reagieren.
Es bedeutet vielmehr,
eigenverantwortlich zu entscheiden,
welche Art von Reaktion man zeigt.

Im Kontext von Druck und Stress spielen Erwartungen und Anforderungen eine wichtige Rolle. Erwartungen kennt man häufig auch als (un)ausgesprochene, mehr oder weniger klar definierte Wünsche anderer an uns. Die Mutter beklagt sich beispielsweise, dass sie immer noch keine Enkelkinder hat. Der Mann wünscht sich mehr Abwechslung im Bett und bestellt rein zufällig ein Negligé, in das sich noch nicht einmal eine Kim Kardashian zwängen würde. Und die Kollegin fände es ja schon irgendwie schön, wenn sie nicht immer die Einzige wäre, die in der Kaffeeküche die Spülmaschine einräumt, und hängt ein handgemaltes Schild auf, auf dem steht: »Ich räume mich nicht von selbst ein«.

Erwartungen sind Annahmen, die an das Handeln,
an eine Reaktion oder die Entwicklung einer Person
oder Situation gestellt werden.

Bleibt die Erwartung unausgesprochen, nennt man die zugrunde liegende Einstellung Erwartungshaltung. Dabei gibt es die soziale Komponente, also was jemand aus Sicht des Partners, Chefs oder der Gesellschaft tun sollte (normative Erwartung). Es gibt gleichzeitig aber auch die Erwartung, die wir an uns selbst haben (individuelle Erwartung). Hier sind in der negativen Ausprägung die Begriffe »hausgemachter Stress« oder »Perfektionismus« im Sprachgebrauch geläufiger.

Erwartungen begegnen uns also in vielen Lebenslagen ebenso wie Anforderungen. Letztere präsentieren sich zwar häufiger im Businessbereich, sind aber auch im Privaten nicht unüblich. Anforderungen unterscheiden sich von Erwartungen insofern, als dass sie häufig sehr präzise und klar formuliert sind. Ob sie direkt kommuniziert werden oder wie im Privaten eher indirekt einfließen, ist hierbei zunächst nebensächlich.

Ein gutes Beispiel für Anforderungen findet man häufig in Stellenausschreibungen. Dort gibt es regelrechte Anforderungskataloge, die einem potenziellen Bewerber manchmal förmlich die Schuhe ausziehen können. Da kann dann auch die Frage aufkommen, ob es solche Menschen überhaupt gibt. Denn heutzutage scheinen in einigen Branchen ein Hochschulabschluss, Berufserfahrung und vielleicht noch eine Fremdsprache nicht mehr auszureichen. Da werden neben diversen Soft Skills noch Kompetenzen in allen möglichen Bereichen gefordert, die man beim besten Willen nicht in drei Berufsjahren und noch nicht einmal bei Reisen in 20 Länder dieser Erde erlangt haben kann. Wenn man dann in der Freizeit nicht nur sportlich aktiv, sondern auch noch ehrenamtlich tätig ist, vielleicht noch etwas publiziert hat oder am besten noch 10 000 Follower in einem Social-Media-Kanal hat, dann, ja, dann könnte man die Chance auf ein Vorstellungsgespräch erhalten. Hierbei ist bitte nicht zu vergessen, dass man auf gar keinen Fall »geldgeil« sein sollte und bestimmt problemlos unbezahlte Überstunden macht. Der Ausgleich für dieses Engagement findet ja möglicherweise durch gemeinsame Meditationen in der Mittagspause wie durch regelmäßig stattfindende Teambuilding-Workshops statt. Vor allem in Start-ups scheint es zum guten Ton zu gehören, sich mit Haut und Haaren auf das Unternehmen einzulassen.

Nicht viel anders geht es im privaten Bereich oft zu. Ganz besonders schön kann man das an Online-Singlebörsen erkennen. Da muss man sich noch nicht einmal selbst einen Anforderungskatalog überlegen, man klickt ihn dort nämlich einfach an. Seinen Traumpartner stellt man sich wie ein Menü zusammen. Dabei spielen Äußerlichkeiten ebenso eine wichtige Rolle wie der ehrenwerte Charakter oder andere wunderbare Fähigkeiten. Zusätzlich durchläuft man von Psychologen ausgeklügelte Persönlichkeitstests. Hieraus wird ein Abbild der eigenen Persönlichkeitsstruktur erarbeitet, die dann mit den Ergebnissen der hoffentlich realen anderen Personen per Matching abgeglichen wird mit dem Ziel, das exakt passende Gegenstück zu finden. »Fisch sucht Fahrrad« war gestern. Heutzutage sucht der Topf wieder seinen passenden Deckel. Das Ergebnis soll dann aber kein billiges Ikea-Set, sondern am besten ein edles, vergoldetes Designerstück sein. Enttäuschend zwar, wenn das Match mit 99-prozentiger Übereinstimmung dann ausschaut wie ein Teller bunte Knete. Aber nun gut, man vertraut ja schließlich darauf, dass der Algorithmus nur das Beste für uns möchte.

Erwartungen sind (un)ausgesprochene Wünsche anderer an uns. Diese werden oftmals auch indirekt formuliert. Anforderungen sind hingegen explizit formulierte Kriterien, die es zu erfüllen gilt, um ein Ziel zu erreichen.

DRUCK VON AUSSEN

Spontan befragt, werden viele von uns Druck von außen sicherlich in der Arbeitswelt oder im Bereich der eigenen Finanzen ansiedeln. Das sind die Sektoren, in denen »Leistungsdruck« und »Geldsorgen« eine große Rolle spielen. Es gibt aber natürlich noch eine Vielzahl anderer Bereiche, in denen Druck von außen auf uns ausgeübt werden kann. Hierzu zählen beispielsweise zwischenmenschliche Beziehungen ebenso wie die Bereiche Äußerlichkeiten, Persönlichkeitsentwicklung oder Freizeitgestaltung. Mit Sicherheit fallen jedem von uns individuell ganz unterschiedliche andere Sektoren ein. Du kannst deine eigenen hier gerne einem Bereich zuordnen.

ARBEITSWELT

Los geht's mit dem Druck von außen in der Arbeitswelt. Wenig verwunderlich eigentlich, dass dieser Bereich für viele an erster Stelle steht, da wir mit Arbeit nicht nur zwei Drittel unserer Lebenszeit verbringen, sondern uns im Außen auch oftmals über sie definieren (müssen). In Kennenlernsituationen folgt auf die Frage »Wie heißt du?« fast durchweg »Und was machst du so beruflich?«. In der westlichen Gesellschaft herrscht das Mantra »Du bist, was du arbeitest« immer noch vor. Wir brauchen unsere Arbeit nicht nur zur Existenzsicherung. Wir benötigen sie ebenfalls zur Identifikation. In einer individualisierten Zeit, in der alles möglich scheint, ist es häufig die Qual der Wahl und die Fülle an Optionen, die Menschen unter Druck setzen kann. Hinzu kommt, dass die Vielzahl der Anforderungen in unserer Zeit der Digitalisierung, Rationalisierung und dadurch der enormen Beschleunigung vielen Menschen den Zugang zu den eigenen Gedanken und Gefühlen erschwert. Blickt man zurück, ist interessant zu sehen, dass sich viele Menschen in Zeiten des Lockdowns über den Stillstand und die unverhoffte Ruhe im Außen freuten. Sie hatten das Gefühl, endlich in die Innenschau gehen zu können.

Druck in der Arbeitswelt hat nicht nur viele Facetten. Er betrifft auch nahezu alle Altersgruppen. Druck zieht sich wie ein roter Faden durch das gesamte Arbeitsleben. Es beginnt meist in der Schule mit der Entscheidung, gemäß der eigenen Leistungen einen bestimmten Bildungsweg einzuschlagen oder eben nicht. Und es zieht sich dann weiter zur Ausbildungswahl und geht nahtlos über in den praktischen Teil, den Arbeitsalltag. Dort erklimmt man dann entweder die Karriereleiter, macht es sich in einer Position gemütlich oder wagt den Absprung in die Selbstständigkeit oder eine andere Branche. Und am Ende des Arbeitslebens sorgt die Rente dann vielleicht nicht ausreichend für einen wohlverdienten Lebensabend, sondern Themen wie Krankheit oder Altersarmut kommen zum Vorschein und können das Konstrukt von der »unbeschwerten Rente« ins Wanken bringen.

Doch wie präsentiert sich uns der Druck von außen in der Arbeitswelt? Ist es nur der »böse Chef«, der uns anhält, »höher – schneller – weiter« zu arbeiten? Ist »Time is money« allein eine Aussage, die man mit Filmen wie »The Wolf of Wall Street« assoziiert? Oder gehören womöglich auch Kollegen, Kunden oder sogar Familienmitglieder zu denjenigen, die auf uns Druck ausüben?

PRAXISBEISPIEL:

Stefanie[1] wurde nach knapp zwei Jahren Anstellung gekündigt. Die Tatsache war für sie unangenehm, aber sie meinte, sie sei eigentlich froh, dass es so gekommen ist. Sie habe die Kündigung als Wink des Schicksals angesehen, da sie schon länger das Gefühl hatte, unglücklich in dem Job zu sein. Und sie fragte sich, ob sie überhaupt für diesen Beruf geschaffen sei. An Familie und Schulfreunden orientiert, habe sie sich für das Studium und ihren beruflichen Werdegang entschieden und festgestellt, dass sie lange Zeit nicht nach eigenen Werten gelebt und gearbeitet habe.

Inzwischen hatte sie herausgefunden, was sie nicht wollte, aber Schwierigkeiten zu erkennen, was sie wirklich wollte. Sie sprudelte vor neuen Ideen und wollte die Chance für einen Neustart nut-

1 Alle Namen der Klienten wurden geändert

zen. Sie äußerte aber, sie finde weder Halt noch Orientierung in sich, um eine Entscheidung treffen zu können. Dabei stünde ihr vermutlich ihr Perfektionismus im Wege. Sie erklärte, dass sie zu nicht enden wollenden Gedankenketten neige und sich deshalb auch sehr schwertue, sich überhaupt für etwas zu entscheiden. Eine tief sitzende Furcht vor Gefangensein zeige sich aus ihrer Sicht hierbei, weshalb sie sich erhoffe, nun durch eine Vielzahl an beruflichen Optionen immer einen Ausweg parat zu haben.

Bei näherer Betrachtung der einzelnen Berufsfelder stellte sich sehr schnell heraus, dass sie viele Selbstzweifel in sich trug. Sie war sich oft nicht sicher, ob eine Idee eine Schnapsidee oder tatsächlich eine wirkliche Option für sie war. Sie traute ihrer eigenen Wahrnehmung nicht mehr, die sie vorher noch dazu gebracht hatte, sich diese Alternativen zu überlegen. Sie fühlte sich durch die Arbeitslosigkeit unter Zeitdruck und hatte deshalb Angst, unter diesem Druck eine falsche Entscheidung zu treffen. Zudem befürchtete sie durch ihre eigene Eingrenzung der Möglichkeiten, dass sie vielleicht den perfekten Job noch nicht kenne und ihn hierdurch womöglich verpasse. Sie warte noch auf den Moment, »in dem es Klick macht«.

In diesem Zusammenhang stießen wir darauf, dass es ihr peinlich ist, dass sie sich in ihrem Alter noch für keinen »soliden« Lebensweg entschieden hat. Andere aus ihrer Schule sind längst auf einem stabilen Karrierepfad und verdienen ihr eigenes Geld, bauen sich Eigenheime und fahren große Autos. Stefanie ist 25 Jahre alt.

Stefanies Fallbeispiel lässt mehrere Faktoren erkennen, die ihr in Bezug auf ihr Arbeitsleben Druck bereitet haben: familiäre Erwartungen, Zeitdruck, Entscheidungsschwierigkeiten und Erwartungen an sich selbst. Wie sieht das bei dir aus?

BERUFSWAHL

Erinnerst du dich noch daran, wie es bei dir zur Berufsentscheidung kam?

....
....
....

Was genau hat den Ausschlag für die Wahl gegeben?

....
....
....

Woran hast du dich orientiert?

....
....
....

Wer oder was hat dir dabei geholfen?

....
....
....

Hast du das Gefühl, dass du damals genau wusstest, was du machen wolltest?

(Ganz und gar nicht) 1 ☐ ☐ ☐ ☐ ☐ ☐ ☐ ☐ ☐ ☐ 10 (Absolut)

Hattest du damals das Gefühl, frei entscheiden zu können?

(Ganz und gar nicht) 1 ☐ ☐ ☐ ☐ ☐ ☐ ☐ ☐ ☐ ☐ 10 (Absolut)

Welchen Beruf üb(t)en deine Eltern aus?

....

....

....

Gab es in deiner Familie auf die Berufswahl bezogene »Leitsätze«? So etwas wie »Wir waren schon immer Ärzte und du wirst dahingehend jetzt nicht aus der Reihe tanzen« oder »Ich habe dieses Unternehmen nicht aufgebaut, damit du um die Welt reist, sondern damit du mein Nachfolger wirst!«.

....

....

....

Häufig hört man von Eltern den Wunsch, dass es ihre Kinder (beruflich) besser haben sollen, als sie selbst es hatten. Kommt dir das bekannt vor?

(Ganz und gar nicht) 1 ☐ ☐ ☐ ☐ ☐ ☐ ☐ ☐ ☐ ☐ 10 (Absolut)

Und, wenn ja, wie hat sich das geäußert?

....

....

....

Was hat dieser Wunsch deiner Eltern in dir ausgelöst?

....

....

....

Konntest du ihnen diesen Wunsch, dass du es mal besser haben wirst, erfüllen?

(Ganz und gar nicht) 1 ☐ ☐ ☐ ☐ ☐ ☐ ☐ ☐ ☐ 10 (Absolut)

Hast du das Gefühl, mit deiner Berufswahl die richtige Entscheidung getroffen zu haben?

(Ganz und gar nicht) 1 ☐ ☐ ☐ ☐ ☐ ☐ ☐ ☐ ☐ 10 (Absolut)

Woran machst du das fest?

....

....

....

ERWARTUNGEN UND ANFORDERUNGEN

Stefanies Fallbeispiel zeigt, dass sie durch ihre Sozialisation den Druck verspürte, sich nicht nur schnell für einen Berufsweg entscheiden, sondern auch bestimmte Meilensteine zu bestimmten Lebenszeiten erreicht haben zu müssen. Von einem anderen Klienten, einer Führungskraft aus dem Finanzsektor, erfuhr ich, dass man in seiner Branche im Alter von 50 bestimmte Positionen erreicht haben müsse, um weiterhin auf dem Markt bestehen zu können. Wer es bis dahin nicht geschafft habe, ein Partner oder Senior Director zu sein, habe in den Augen der anderen auf seinem Karriereweg total versagt. Vielen von uns ist ebenfalls vertraut, dass man in manchen Sektoren auch eine gewisse Aufopferungsbereitschaft vor allem in Bezug auf die Arbeitszeit erwartet. So gibt es sogar den Begriff der »branchenüblichen Überstunden«, den man in einigen Arbeitsverträgen vorfindet. Es scheint also in bestimmten Branchen spezifische Erwartungen und Anforderungen zu geben.

Wie viel Zeit lag damals zwischen deinem Schulabschluss und dem Beginn deiner Ausbildung/deines Studiums?

....

....

....

Hättest du dir dazwischen eine kleine Auszeit, zum Beispiel für Reisen oder Nichtstun, gewünscht?

(Ganz und gar nicht) 1 ☐ ☐ ☐ ☐ ☐ ☐ ☐ ☐ ☐ ☐ 10 (Absolut)

Wie lange hat es gedauert, bis du nach deiner Ausbildung in den Beruf gestartet bist?

....

....

....

Was war das Besondere für dich an dieser Zeit?

....

....

....

Hast du dich beruflich schon einmal umorientiert?

....

....

....

Warst du schon einmal arbeitslos und, wenn ja, wie lange?

....

....

....

Wie hast du diese Zeit erlebt? Womit hast du deine freie Zeit verbracht?

....
....
....

Hättest du dir vorstellen können, diese Zeit auch anders zu nutzen?

(Ganz und gar nicht) 1 ☐ ☐ ☐ ☐ ☐ ☐ ☐ ☐ ☐ ☐ 10 (Absolut)

Wenn ja, womit?

....
....
....

Wie haben Familie, Partner oder Freunde auf deine Zeit der Arbeitslosigkeit oder Umorientierung reagiert?

....
....
....

Erinnerst du dich an markante Sätze oder Tipps, die sie dir mitgeteilt haben?

....
....
....

War das hilfreich für dich?

(Ganz und gar nicht) 1 ☐ ☐ ☐ ☐ ☐ ☐ ☐ ☐ ☐ ☐ 10 (Absolut)

Was denkst du, ist die gesellschaftliche Norm in Bezug auf Karriere, Auszeiten und Lücken im Lebenslauf? Gibt es ungeschriebene Gesetze?

....

....

....

Hartz IV und Arbeitslosengeld sind Hilfen vom Staat, ohne die viele Menschen nicht durch harte Zeiten kommen würden.

Wie stehst du zum Bezug von Sozialleistungen im Fall von Kündigung? Würdest du sie ohne schlechtes Gewissen in Anspruch nehmen können?

(Ganz und gar nicht) 1 ☐ ☐ ☐ ☐ ☐ ☐ ☐ ☐ ☐ ☐ 10 (Absolut)

Wie würde es dir gehen, wenn du längere Zeit arbeitslos wärst?

....

....

....

Wie würde sich das aus deiner Sicht auf deine Chancen auf dem Arbeitsmarkt auswirken?

....

....

....

Auf deine Branche bezogen: Kennst du ähnliche »unausgesprochene Gesetze« bzw. Anforderungen deiner Branche wie oben erwähnt? Will man beispielsweise keine 50-jährige Barista im Coffeeshop mehr sehen, weil sie nicht fancy genug rüberkommt? Ist es ein No-Go, länger als drei

Jahre in derselben Company zu arbeiten? Oder ist man mit Mitte 20 zu jung für eine leitende Position in der Kita?

....

....

....

Welche Sätze kennst du aus deinem Freundes- oder Familienkreis in Bezug auf Zeitvorgaben im Job? Sollte man mit Anfang 30 den Eltern finanziell nicht mehr auf der Tasche liegen oder wirkt es peinlich, sich mit Mitte 50 noch einmal komplett neu zu erfinden oder gar selbstständig zu machen? Welche Themen fallen dir spontan ein?

....

....

....

ARBEITSTEMPO UND ARBEITSPENSUM

Nach der Bearbeitung des Drucks von außen in Bezug auf Berufswahl und zeitliche Abläufe in der Karriere wird der Blick nun auf die Faktoren gelegt, die vielen von uns wohlbekannt sein dürfen: das gestiegene Arbeitstempo und -pensum. Wir sollen nicht nur schnell unseren Ausbildungsweg abschließen und bloß keine Zeit beim Einstieg ins Berufsleben verschwenden oder gar länger als ein paar Monate arbeitslos sein. Dieses Tempo sollten wir optimalerweise auch im täglichen Arbeitsleben stets beibehalten. D.h. in kurzer Zeit viel schaffen, eben einfach effektiv arbeiten. Wer nicht in der Lage ist, für zwei zu arbeiten, wird in manchen Berufen schnell merken, dass er an Grenzen kommt. Ob nun an eigene oder solche, wie sie durch nicht ausreichende Arbeitsleistungen oder viele Jobwechsel vorprogrammiert sein können.

Die ständige Erreichbarkeit ist ein weiteres Merkmal für Druck von außen. In den letzten Jahrzehnten haben sich nicht nur die Anforderungen an unsere Schnelligkeit parallel zur Übertragungsrate der Daten in den Glasfaserkabeln enorm erhöht. Langsamkeit ist maximal etwas, das wir im Yin-Yoga-Kurs in unserer Freizeit wiederentdecken dürfen. Allein schon durch den E-Mail-Verkehr hat sich der gesamte Schriftverkehr komplett verändert. Steckte man früher zum Feierabend alle wichtigen Briefe in die Post, erreichen uns heute manchmal ganze Fluten an Schriftsätzen via Lichtgeschwindigkeit zu jeder erdenklichen Tages- oder Nachtzeit. Zudem ist das Handy unser ständiger Begleiter, das die meisten nachts seit Jahren maximal auf Flugmodus, nie aber komplett ausgeschaltet haben. Unser Gehirn ist zwar gar nicht auf dieses High-Speed-Dauerbeschallungsprogramm ausgerichtet. Aber da wir uns ja auch stets und ständig auf allen Kanälen (Social Media, WhatsApp, Netflix, Gaming usw.) bewegen, fällt uns das schon gar nicht mehr auf. So manche erschrecken, wenn sie ihre tatsächliche mit der gefühlten Nutzungszeit vergleichen und fragen sich dennoch, warum sie am Abend so erschöpft sind. Zum Glück hilft dann entweder ein Podcast oder die Sleep App, um »Out of Space« wenigstens nachts endlich mal ein wenig zur Ruhe zu kommen.

ARBEITSWELT UND AUFGABEN

Wie man sieht, gibt es in der Arbeitswelt mehrere Faktoren, die uns Druck von außen bescheren. Neben Zeitdruck, Arbeitspensum und Erreichbarkeit spielt auch die Wichtigkeit der Aufgabe eine große Rolle. Viele kennen das Prinzip »Je größer die Verantwortung, desto größer der damit verbundene Druck«. Und das gilt nicht nur für Führungskräfte. Auch als Reinigungskraft kann man ganz schön unter Druck geraten, wenn der Auftraggeber darauf hinweist, dass man auf keinen Fall die wertvolle Vase beschädigen solle. Selbst als Coach ist man diesem Phänomen ab und an ausgesetzt. Auch Klienten, die behaupten, ihnen habe noch niemand helfen können und dass sie ihre komplette Hoffnung jetzt in dieses Coaching legen, können Druck ausüben.

PRAXISBEISPIEL

Holger kam nach einer Kündigung zu mir ins Coaching, die er absolut nicht nachvollziehen konnte. Er ist Mitte 30, hat ein wirtschaftliches Studium erfolgreich absolviert und ist seit einigen Jahren in der Vertriebsbranche tätig. Nun vermutet er, dass er den hohen Erwartungen nicht gerecht geworden ist, seine Verkaufsleistung blieb wohl hinter der von Kollegen zurück. Eine Reihe erfolgloser Versuche, mit seinem Chef eine Einigung zu erzielen, hat ihn vollends aus dem Job katapultiert. Und im Ergebnis war es ihm nicht möglich, die Sache aus dem Kopf zu bekommen. Prompt hatten Bewerbungen keinen Erfolg, der Griff zur Flasche konnte da auch nicht helfen und erst recht nicht seine Ehe retten. Als ich ihn kennenlerne, fällt es ihm schwer, sich einzugestehen, dass er an so einem Teufelskreis erst einmal selbst etwas ändern muss. Nur wenn er sich eingesteht, dass das Leben eben keine Perfektion, sondern nur ein normales Arbeiten von ihm verlangt, wird es ihm auch zukünftig möglich sein, in einem Beruf das »normale« Pensum zu schaffen, vielleicht sogar ein wenig entspannter als zuvor. So ein Leistungsdruck, wie Holger ihn verspürt, kommt nicht immer von außen, manchmal machen wir uns diesen Druck selbst. Eigentlich gut, weil man ja bekanntlich an sich selbst auch etwas ändern könnte, bevor man versuchen sollte, den Chef in einen Engel zu verwandeln. Holger ist für mich ein gutes Beispiel für die Frage, ob und inwieweit vielleicht auch bei dir eine Möglichkeit besteht, dass du an dem Druck, den du empfindest, nicht ganz unschuldig bist. Wie kannst du das herausfinden?

Zur eigenen Reflexion kannst du hier nun für dich die folgenden Fragen beantworten:

Es stört mich, dass ich oft Aufgaben erhalte, die nicht in meinen direkten Arbeitsbereich gehören.

(Ganz und gar nicht) 1 ☐ ☐ ☐ ☐ ☐ ☐ ☒ ☐ ☐ ☐ 10 (Absolut)

Ich leiste regelmäßig Überstunden ab.

(Ganz und gar nicht) 1 ☐ ☐ ☐ ☐ ☐ ☐ ☐ ☐ ☐ ☒ 10 (Absolut)

Meine Aufgaben reichen für zwei.

(Ganz und gar nicht) 1 ☐ ☐ ☐ ☐ ☐ ☐ ☐ ☐ ☒ ☐ 10 (Absolut)

Ich muss viele Aufgaben gleichzeitig erledigen.

(Ganz und gar nicht) 1 ☐ ☐ ☐ ☐ ☐ ☐ ☐ ☐ ☒ ☐ 10 (Absolut)

Ich kann Deadlines oft nicht oder nur mit Überstunden einhalten.

(Ganz und gar nicht) 1 ☐ ☐ ☐ ☐ ☐ ☐ ☐ ☒ ☐ ☐ 10 (Absolut)

Ich erhalte selten Lob oder Anerkennung.

(Ganz und gar nicht) 1 ☐ ☐ ☐ ☒ ☐ ☐ ☐ ☐ ☐ ☐ 10 (Absolut)

Ich kann mich mit dem Chef und den Kollegen nicht gut über meine Probleme austauschen.

(Ganz und gar nicht) 1 ☐ ☐ ☒ ☐ ☐ ☐ ☐ ☐ ☐ ☐ 10 (Absolut)

Ich halte die Zielvorgaben für nicht realistisch.

(Ganz und gar nicht) 1 ☐ ☐ ☐ ☐ ☐ ☐ ☒ ☐ ☐ ☐ 10 (Absolut)

Mir bleibt wenig Zeit, mal eine Pause einzulegen.

(Ganz und gar nicht) 1 ☐ ☐ ☐ ☐ ☐ ☐ ☐ ☐ ☒ ☐ 10 (Absolut)

Ich fühle mich nach der Arbeit erschöpft.

(Ganz und gar nicht) 1 ☐ ☐ ☐ ☐ ☐ ☐ ☐ ☒ ☐ ☐ 10 (Absolut)

Auch am Feierabend denke ich noch an Arbeitsthemen und checke Nachrichten von der Arbeit.

(Ganz und gar nicht) 1 ☐ ☐ ☐ ☐ ☐ ☐ ☐ ☒ ☐ ☐ 10 (Absolut)

Ich bin über mein Handy auch abends oder am Wochenende für die Arbeit stets erreichbar, obwohl ich eigentlich frei hätte.

(Ganz und gar nicht) 1 ☐ ☐ ☐ ☐ ☐ ☐ ☒ ☐ ☐ ☐ 10 (Absolut)

In letzter Zeit habe ich immer weniger Zeit für Familie, Freunde und Hobbys.

(Ganz und gar nicht) 1 ☐ ☐ ☐ ☐ ☐ ☐ ☐ ☐ ☒ ☐ 10 (Absolut)

FINANZEN

Eng mit der Arbeitswelt verknüpft, ist der Bereich Finanzen. Hierbei stellt sich weniger die Frage, ob du Sozialleistungen beziehst, über eine Eigentumswohnung verfügst oder in Rente bist. Ausschlaggebend für diesen Lebensbereich ist deine individuelle Wahrnehmung des Drucks.

Sprichst du gerne über Geld?

(Ganz und gar nicht) 1 ☐ ☒ ☐ ☐ ☐ ☐ ☐ ☐ ☐ ☐ 10 (Absolut)

Was denkst du, warum?

....
....
....

Wie ist man in deiner Familie mit dem Thema Geld umgegangen? Fallen dir markante Sätze ein wie zum Beispiel »*Geld hat man oder eben nicht*« oder »*Mit Geld prahlt man nicht*«?

....
....
....

Welchen Stellenwert nimmt Geld in deinem Leben ein?

....
....
....

Wie wichtig sind dir finanzielle Rücklagen oder Sicherheiten?

(Ganz und gar nicht) 1 ☐ ☐ ☐ ☐ ☐ ☐ ☐ ☐ ☒ ☐ 10 (Absolut)

Was denkst du, warum überschulden sich manche Menschen?

....

....

....

Was denkst du wie dich andere in Bezug auf deine Finanzen wahrnehmen? Bist du jemand, der gut mit Geld umgehen kann?

(Ganz und gar nicht) 1 ☐ ☐ ☐ ☐ ☐ ☐ ☐ ☒ ☐ ☐ 10 (Absolut)

Bist du schon einmal in eine Situation geraten, in der du unter finanziellem Druck gestanden hast? Beispielsweise konntest du mal eine oder mehrere Mieten nicht bezahlen, wuchsen dir deine Fixkosten über den Kopf o.Ä.? Was war passiert?

....

....

....

Wie hast du dich dabei gefühlt?

....

....

....

Wie hast du es wieder aus der Situation herausgeschafft?

....

....

....

Wie würdest du heute mit einer solchen Situation umgehen?

....

....

....

Auf den Beruf bezogen: Hast du das Gefühl, angemessen bezahlt zu werden, bzw. sind deine Umsätze zufriedenstellend?

(Ganz und gar nicht) 1 ☐ ☐ ☐ ☐ ☐ ☐ ☐ ☐ ☐ ☐ 10 (Absolut)

Siehst du Möglichkeiten, dies zu ändern, wenn du unzufrieden bist?

....

....

....

Wenn Geld keine Rolle spielen würde, was würdest du dann beruflich machen und warum?

....

....

....

BEZIEHUNGSWELT

Neben der Arbeitswelt ist die Beziehungswelt diejenige, die viele von uns enormen Druck von außen spüren lässt. Mit Beziehung ist nicht nur die Liebesbeziehung zu einem anderen Menschen zu verstehen. Auch die Verbindung zur Herkunftsfamilie oder zu der selbst gegründeten spielt eine ebenso große Rolle wie die zu Freunden.

LIEBESBEZIEHUNGEN

Für die meisten steht jedoch die Liebesbeziehung an erster Stelle. Ist sie (noch) nicht vorhanden, kann die Suche nach dem perfekten Partner sogar ganze Industriezweige finanzieren: von der Ratgeberliteratur über Datingportale hin zu Psychotherapeuten. Der Mensch ist ein soziales Wesen und möchte in den allermeisten Fällen auch von einem Gegenüber geliebt werden. Die Allerwenigsten entscheiden sich aus freien Stücken für ein Leben als Single. Wer angibt, absolut freiwillig und gerne Single zu sein, hat häufig schlechte Erfahrungen mit Partnern gemacht oder andere Enttäuschungen erlebt. Allgemeingültig lässt sich da nichts festmachen. Auch ist am Singledasein aus meiner persönlichen Sicht absolut nichts Negatives zu sehen. Man lernt, mit sich allein zu sein, sich selbst das zu geben, was man meint, nur von einem anderen Menschen erhalten zu können, und kommt in Kontakt mit sich und seinen Wünschen. Der Druck, den viele in Bezug auf Liebe verspüren, kann unterschiedlicher nicht sein. Und er nimmt seinen Beginn wie fast alles im Leben häufig schon im Teenageralter. Die erste große Liebe, Schmetterlinge im Bauch, rosarote Brille: An all das erinnern sich sicherlich die meisten von uns noch gerne zurück. Aber auch den ersten Herzschmerz und Liebeskummer vergisst man so schnell nicht. »The first cut is the deepest«, sang uns Rod Stewart bereits in den 80er-Jahren vor. Und Unrecht hatte er damit nicht.

Während manche ihre erste Liebe, vielleicht sogar die aus dem Sandkasten, heiraten, machen sich andere zu dem Zeitpunkt erst auf die Suche. Sie testen sich aus, haben mehrere kurze oder langjährige Beziehungen, sind auch mal eine Weile allein. Irgendwann kommen sie dann in das Alter, wo man »den Sack zumachen« sollte. Sie wollen ihren Eltern nicht mehr alle paar Jahre einen neuen Partner vorstellen. Vielleicht tickt die Uhr auch schon, weil sie gerne Kinder hätten. Aus welchen Gründen auch immer. Mit steigendem Alter wächst bei den meisten der Wunsch nach Verbindlichkeit, Ehen werden geschlossen, Kinder geboren, Eigenheime gebaut. Dies passiert heutzutage um Jahre später als noch vor 50 Jahren. Inzwischen sind die nicht abbezahlten Bausparverträge, die an die Kinder vererbt werden, so normal wie die Zahl der künstlichen Befruchtungen. In dieser Ära trennen sich genauso häufig diejenigen, die den Schritt in die Ehe früh gewagt haben. Oder sie warten damit, bis die Kinder aus dem Haus sind. Das Phänomen Junggeselle, das früher auf dem Dorf zumeist ein Typ war, der mit 45 immer noch bei seiner Mutter wohnte, erfährt neue Dimensionen. Denn nach der Scheidung frisch auf dem Markt sind nicht nur Männer. Wer sich nach vielen Jahren Ehe und Kindererziehung neu auf sich gestellt sieht, lebt manchmal auch in diesem Alter mehr oder weniger freiwillig ein Junggesellenleben, zieht aus dem gemeinsamen Haus in eine WG, weil die Mieten in Großstädten unbezahlbar geworden sind, oder sucht sich neue Hobbys, um unter Menschen zu sein. Dank der sozialen Medien und Plattformen lässt sich der »perfekte« Partner suchen. Dies läuft zwar irgendwie nicht mehr so reibungslos wie damals in jungen Jahren. Aber man gibt die Hoffnung nicht auf, sein perfektes Match dort irgendwann zwischen »Wisch und Weg« zu finden. Spannend mögen die ersten Dates dann vielleicht auch wieder sein. Aber wenn man merkt, dass der Mensch gegenüber einen Rucksack voll emotionalem Ballast mit sich trägt, der einen schon im Small Talk erschlägt, nimmt man auch gerne mal Reißaus und kümmert sich lieber um den Kräutergarten auf dem Fensterbrett. Die Hoffnung stirbt glücklicherweise zuletzt. Umso mehr freut sich, wer durch Zufall auf ein nettes Gegenüber trifft und es tatsächlich funkt zu einem Zeitpunkt, an dem nicht mehr damit zu rechnen war.

So unterschiedlich diese Lebenswelt Beziehung sich für jeden von uns gestalten kann: Was bereitet dir Druck von außen in Bezug auf Liebesbeziehungen?

Auf wie viele Beziehungen blickst du bislang zurück?

....

....

....

Wer hat sie beendet und was war der Grund?

....

....

....

Wenn du noch nie wirklich Single warst: Was denkst du, woran hat das gelegen?

....

....

....

Wie empfandest du Zeiten des Singledaseins?

....

....

....

Wie denkst du, sieht sie aus, die gesellschaftliche Norm in Bezug auf das Singledasein?

....

....

....

Welche Wertvorstellungen haben dir deine Eltern in puncto Liebesbeziehung vermittelt?

....

....

....

Wie halten es deine engsten Freunde mit der Liebe? Sind sie alle verheiratet, Singles oder in alternativen Beziehungsformen?

....

....

....

Haben deine Eltern/Verwandten/Freunde dir jemals Druck gemacht, dass du beispielsweise endlich heiraten und eine Familie gründen sollst oder umgekehrt dich scheiden lassen solltest?

....

....

....

Stell dir vor, du wärst auf einem Klassentreffen eingeladen. Dies ist ja häufig ein Ereignis, auf dem Bilanz gezogen wird. Mit welchen Worten würdest du deinen ehemaligen Klassenkameraden sagen, wie dein aktueller Beziehungsstatus ist? Wie ehrlich wärst du zu ihnen? Würdest du ihnen beispielsweise mitteilen, dass du zwar verheiratet, aber seit Jahren unglücklich bist? Oder würdest du ihnen sagen, dass du absolut zufriedener Single bist und momentan auch keinen Sex vermisst? Was würdest du über deine innere Befindlichkeit mitteilen und wo läge deine Grenze an Mitteilsamkeit und warum?

....

....

....

BEZIEHUNGSSTATUS

Der generelle Druck von außen auf den Status einer Beziehung ist die eine Variante. Die andere bezieht sich direkt auf den aktuellen Status quo. Sprich: Singles sind einem anderen Druck ausgesetzt als Vergebene. Hier geht es erst einmal um Singles, bist du bereits vergeben, kannst du die auf das Praxisbeispiel folgenden Fragen gerne überblättern.

PRAXISBEISPIEL

Tamara kam ins Coaching, um ihren Selbstwert als Single zu stärken. Sie erzählte mir, dass sie schon ziemlich lange ungewollt ledig sei und sie das langsam nerve. Sie werde schließlich weder jünger noch schöner. Den Wunsch nach zwei Kindern mit einem tollen Mann an ihrer Seite habe sie sich mit Mitte 30 längst abgeschminkt. Sie wolle keine von den Frauen sein, denen man die innere tickende Uhr schon auf die Entfernung ansehe. Es zehre einfach an ihrem Selbstbewusstsein, immer wieder dieselben doofen Fragen bei Dates beantworten zu müssen. Und im Nachhinein festzustellen, wieder einmal an eine Niete geraten zu sein. Vor ein paar Jahren sei sie noch selbstbewusster und auch lockerer gewesen in Kennenlernsituationen. Aber jetzt habe sie manchmal das Gefühl, auf allen Datingportalen rennen dieselben Männer rum, und dass nichts Brauchbares für sie dabei sei. Sie fühlt sich wie eine Marionette der »Generation Beziehungsunfähig«. Sie habe sogar schon extra einen Fotografen beauftragt, um tolle und natürliche Fotos machen zu lassen, die sie von ihrer Schokoladenseite zeigen. Sowas brauche man ja heutzutage bei diesen Datingportalen, da alle, ähnlich wie bei Instagram, sich dort nur in das allerbeste Licht setzten. Enttäuscht sei sie zwar, dass zwei Drittel der Männer dann in der Realität nicht so aussehen wie auf den Fotos. Aber sie wolle sich selbst nicht zu weit aus dem Fenster lehnen, da auf ihren Bildern die kleinen Augenfalten und der minimale Rettungsring wegretuschiert worden seien. Eigentlich wünsche sie sich nur einen »ganz normalen« Mann an ihrer Seite, der sie zum Lachen bringe und mit dem sie durch dick und dünn gehen könne. Es könne doch eigentlich nicht so schwer sein, einen solchen online zu finden. Aber da sie nach nunmehr zwei Jahren der intensiven Suche keinem begegnet sei, habe sie für sich beschlossen, dass sie das Thema ad acta legen und sich voll und ganz auf sich konzentrieren möchte. Daher soll ich sie darin unterstützen, ihr Leben allein zu genießen und dies auch selbstbewusst nach außen zu tragen.

Bevor wir uns diesem Wunsch widmen konnten, ließ mich eine Frage nicht los, die ich ihr stellte: »Wie wäre dein perfekter Partner? Welche Eigenschaften und Fähigkeiten hätte er?« Es sprudelte förmlich aus ihr heraus wie aus einer klaren Gebirgsquelle. Ich notierte die Punkte fleißig mit und konfrontierte sie mit einer interessanten Feststellung: »Wusstest du, dass du über fast alle genannten Eigenschaften auch selbst verfügst?«, fragte ich sie. Sie war erstaunt. Bislang hatte sie noch nie darüber nachgedacht, was sie selbst eigentlich zu bieten hatte. Immer war es vermehrt darum gegangen, was der andere mitbringen sollte. In der nächsten Sitzung teilte sie mir eine wichtige Erkenntnis mit, die sie enorm erleichterte. Sie habe erkannt, dass sie keinen Mann brauche. Aber trotzdem gerne einen an ihrer Seite haben wolle. Irgendwann. Und bis dahin wisse sie nun, dass sie ihr Leben genießen könne, da sie eines dazu gewonnen habe: das Vertrauen, dass sie nicht mehr nach ihrer besseren Hälfte suchen müsse. Sie sei schon »eins« mit sich. So habe sie das bislang nur nicht sehen können. Sie müsse sich nicht mehr zwanghaft abgrenzen oder sehnsüchtig suchen. Denn was sie jetzt in einem Mann zu finden suche, sei die Bereicherung und nicht mehr das Grundbedürfnis.

SINGLEDASEIN

Wie findest du das Singledasein?

....

....

....

Was gefällt dir daran?

....

....

....

Was gefällt dir nicht?

....

....

....

Was genau unternimmst du, um einen Partner kennenzulernen?

....

....

....

Für wie erfolgversprechend hältst du diesen Weg?

....

....

....

Gibt es andere Alternativen, an die du bislang noch nicht gedacht hast?

....

....

....

Was raten dir deine Eltern/Verwandten/Freunde?

....

....

....

Wie hilfreich empfindest du diese Ratschläge?

....

....

....

Gibt es Faktoren im Außen, die dich unter Druck setzen, dein Singleda-sein zu beenden?

....

....

....

Könntest du dir vorstellen, die nächsten fünf Jahre weiterhin Single zu bleiben?

(Ganz und gar nicht) 1 ☐ ☐ ☐ ☐ ☐ ☐ ☐ ☐ ☐ 10 (Absolut)

Wenn man Datingportalen glaubt, gibt es bestimmte Faktoren, durch die ein Mensch attraktiver auf andere wirkt bzw. leichter mit anderen in Kontakt kommt. Was denkst du, könnten diese Faktoren sein?

....

....

....

Glaubst du, dass du diese Ansprüche erfüllst?

(Ganz und gar nicht) 1 ☐ ☐ ☐ ☐ ☐ ☐ ☐ ☐ ☐ 10 (Absolut)

Wie wichtig wäre es dir, diese Ansprüche zu erfüllen?

(Ganz und gar nicht) 1 ☐ ☐ ☐ ☐ ☐ ☐ ☐ ☐ ☐ 10 (Absolut)

Wenn dir eine Fee begegnen würde, die dir drei Wünsche für die Liebe erfüllen könnte, welche wären das?

1. ....

2. ....

3. ....

PARTNERSCHAFT

Nun zu den Vergebenen unter euch. Wie schaut es bei euch mit Druck von außen aus? Müsste doch eigentlich alles paletti sein, oder? Wer vergeben ist, sollte doch glücklich und zufrieden sein, er ist schließlich nicht allein. Okay, ganz so einfach ist es natürlich nicht. Das kann man Kleinkindern erzählen, wenn sie »Mama, Papa, Kind« spielen. Fragt sich, welchen Druck von außen könnte es denn bei den Vergebenen so geben? Ist es immer nur das Schwiegermonster, das sich auf Familienfesten auf den Partner stürzt, als müsse es ihn vor frevelhaften Absichten der Gattin bewahren? Oder spielen sich die meisten Dramen nicht sogar auf der eigenen heimischen Bühne zwischen den Liebespartnern ab? Manchmal kann aber selbst ein gemeinsamer Besuch bei Freunden zur Tortur werden, wenn der eine das Bedürfnis hat, die gemeinsame Beziehung nach außen hin besser dastehen zu lassen, als sie es in Wahrheit ist. Die Heimfahrt kann dann durchaus zu einer sehr langen Fahrt werden. Ganz zu schweigen davon, dass die Gästecouch für einen der beiden Partner droht, mal wieder zum Einsatz zu kommen.

PRAXISBEISPIEL

Thomas kam als frisch Geschiedener zu mir ins Coaching und wollte sich für seine nächste Partnerschaft neu positionieren. Er teilte mir mit, dass er das Gefühl habe, immer noch den Ballast der vergangenen Beziehung mit sich herumzuschleppen, und dass er sich von den Altlasten befreien wolle. Er erzählte mir, dass er bis vor zwei Jahren ein gut verdienender Manager war, der sich und seiner Frau ein Leben ermöglichen konnte, in dem niemand über Geld nachdenken musste. Sie lebten zwar nicht über ihre Verhältnisse oder protzten nicht mit ihrem Besitz. Sie mochten es aber beide, dass man ihnen ansah, wie teuer die Kleidung und der Schmuck waren, die sie trugen. Seine Frau habe auch immer gearbeitet und sich ihr eigenes »Taschengeld« verdient. Doch er habe ihnen dieses Leben ermöglicht. Als er nach der Pleite seiner Firma arbeitslos wurde, war er überzeugt, dass er schnell eine neue Anstellung finden würde. Seine Frau und Freunde bestärkten ihn darin. Nur sein eigener Vater fing damals an, ihn alle zwei Wochen zu fragen, ob er schon etwas Neues gefunden habe. Zunächst habe ihn dies nicht aus der Ruhe gebracht. Als er aber nach einem halben Jahr Arbeitslosigkeit selbst bemerkte, dass es nicht richtig vorwärtsging, begann sich in ihm, Druck aufzubauen. Normalerweise hatte er die Anspannung nach Feierabend mit seinen Kollegen abbauen können oder im Gym. Aber weder die Treffen mit den Kollegen noch der regelmäßige Fitnessstudiobesuch vor der Arbeit waren ihm geblieben. Ihm habe die Struktur gefehlt und er habe sich gehen lassen. Aus dem Glas Rotwein am Abend wurde eine Flasche. Und seine Frau wurde von Woche zu Woche unzufriedener. Anstatt motiviert Bewerbungen schreiben oder seine Netzwerke zu aktivieren, habe er sich immer schlechter gefühlt und versucht, sich von diesem Gefühl abzulenken. Irgendwann saß er stundenlang am Computer und zockte, nur um im Wettkampf mit Gleichgesinnten zu stehen. In dieser Abwärtsspirale habe er zwar bemerkt, dass seine Frau nur noch an ihm herummeckerte, doch als er sie eines Abends dabei erwischte, wie sie mit einem anderen Mann anzügliche WhatsApp-Nachrichten austauschte, eskalierte die Situation. Den riesigen Streit und die an ihn gerichteten Vorwürfe werde er so schnell nicht vergessen. Von »oberflächlicher Blender« über »armseliger Taugenichts« bis hin zu »jämmerlicher Schlappschwanz« sei fast alles dabei gewesen. Es kam zur Scheidung.

Thomas habe zunächst seine Wunden geleckt und seinen Kummer im Alkohol ertränkt, während die Wut lauter wurde. Er kann nicht verstehen, wieso sich seine Frau erst von ihm abhängig gemacht und ihn dann wegen der Arbeitslosigkeit so unter Druck gesetzt habe. Sie selbst hätte ja auch mehr arbeiten können. Zudem hatten sie sich geschworen, in guten wie in schlechten Zeiten zusammenzubleiben. Er fühlt sich verraten, weil sie ihm nicht den Rücken gestärkt habe.

Noch enttäuschter sei er jedoch von seinem Vater – immerhin dem Mann, der ihn gelehrt habe, auch mal Schwäche zeigen zu dürfen – und von seinen vermeintlichen Freunden und Kollegen. Die hätten ihn offenbar nur akzeptiert, solange er Leistung zeigte und Geld verdiente.

Auf meine Frage hin, wie er sich in seiner Rolle als Mann und Partner gefühlt habe, überlegt er lange. Dann sagt er, er habe total versagt. Er habe es nicht geschafft, seine Frau zu halten, für ihren Lebensunterhalt zu sorgen, und er habe nicht nur sie, sondern auch viele andere enttäuscht. Jetzt wolle er alles dafür tun, damit so etwas nie wieder passiere. Eigentlich, so höre ich heraus, will er sich nicht neu positionieren, sondern seine Fehler wiedergutmachen.

Welche Situationen fallen dir ein, in denen du in Bezug auf eine Partnerschaft schon einmal Druck von außen ausgesetzt warst?

....

....

....

Welche Themenbereiche – etwa Durchsetzungsfähigkeit, Treue, Hilfsbereitschaft – standen hierbei besonders im Vordergrund?

....

....

....

Was erwartet deine Partnerin/dein Partner von dir für eine glückliche Beziehung?

....

....

....

Was erwartest du umgekehrt von deiner Partnerin/deinem Partner?

....

....

....

Was denkst du, sind gesellschaftliche Erwartungen an Menschen, die in Beziehungen leben?

....

....

....

Welche Erwartungen an Beziehungen kennst du von deiner Familie/ deinen Verwandten/Freunden?

....

....

....

Setzen dich diese Erwartungen unter Druck?

(Ganz und gar nicht) 1 ☐ ☐ ☐ ☐ ☐ ☐ ☐ ☐ ☐ 10 (Absolut)

Gibt es einen Leitsatz, den du mit Partnerschaft verbindest? So etwas wie »Wenn man sich liebt, macht man auch alles für den anderen« oder »Wahre Liebe zeigt sich nicht in Worten, sondern in Taten«?

....

....

....

Wie gehst du mit aufkommendem Druck in deiner Beziehung um? Schiebst du klärende Gespräche auf die lange Bank, fährst du erst einmal mit Freunden weg oder fängst Streit an? Wie ist deine Reaktion?

....

....

....

Hast du das Gefühl, selbst etwas dazu beitragen zu können, wie sich eure Partnerschaft entwickelt?

(Ganz und gar nicht) 1 ☐ ☐ ☐ ☐ ☐ ☐ ☐ ☐ ☐ 10 (Absolut)

Woran machst du deine Einschätzung fest?

....

....

....

....

PARTNERSCHAFT UND FAMILIE

Die Liebesbeziehung als elementarer Bestandteil des Lebens hat für viele Menschen eine ähnliche Priorität wie die Beziehung zur eigenen »Blutsbande«, also zur Herkunftsfamilie – ob nun bei der Großmutter aufgewachsen, nur mit einem Elternteil, ohne Geschwister oder als Teil einer Patchworkfamilie. Der Volksmund behauptet ja »Blut ist dicker als Wasser«.

Wie das Verhältnis zu deiner Familie aktuell aussieht oder wer davon noch übrig ist, spielt erst einmal keine Rolle. Selbst wenn wir als Erwachsene unsere Eltern schon überlebt haben sollten, spielt der familiäre Druck bei vielen weiterhin eine große Rolle. Nicht umsonst beschäftigen sich unzählige Therapeuten und Coaches mit dem, was uns noch jahrelang im Bann hält bzw. unser Leben weiterhin beeinflusst.

Wie bereits in den Bereichen Arbeitswelt und Partnerschaft erkennbar, spielt der von der Herkunftsfamilie ausgeübte Druck für viele von uns eine große Rolle. Jetzt soll der Fokus erneut auf dich gelegt werden und darauf, wie du den Druck empfindest, den deine Familie ausübt. Im Anschluss geht es dann um dich als Elternteil. Wenn du keine Kinder hast oder haben möchtest, überspringe diesen Teil gerne. Interessant ist er aber auch für all jene, die noch keine Kinder haben, aber irgendwann einmal haben möchten. Hier kannst du deine Rolle als Mommy oder Daddy vorbereitend reflektieren.

DEINE ELTERN[2]

Welche Situation fällt dir spontan ein, in der deine Eltern zuletzt Druck auf dich ausgeübt haben, und was war das Thema?

....

....

....

Wurde zu diesem Thema bereits häufiger Druck auf dich ausgeübt?

(Ganz und gar nicht) 1 ☐ ☐ ☐ ☐ ☐ ☐ ☐ ☐ ☐ ☐ 10 (Absolut)

Wie zeigt sich der Druck konkret? Werden beispielsweise Phrasen wie »Du müsstest« oder »Du solltest ...« benutzt?

....

....

....

Werden dir dabei auch Ziele vorgeschlagen? Beispiel: »Du solltest wirklich mal mehr auf deine Figur achten.« – »So findest du ja niemals einen Mann.« – »Was hältst du davon, dich bei den Weight Watchers anzumelden?«

....

....

....

2   Gemeint sind generell diejenigen, die dich großgezogen haben.

Was bewirken solche gut gemeinten Ratschläge in dir? Was denkst und fühlst du dann?

....

....

....

Kannst du deine Reaktion auch körperlich feststellen? Beispielsweise Verkrampfen im Schulterbereich, einen Kloß im Hals oder ein Ziehen im Magen?

....

....

....

Was denkst du, ist die Absicht deiner Eltern, wenn sie dir solche Sätze sagen?

....

....

....

Könntest du darin auch etwas Gutes entdecken?

(Ganz und gar nicht) 1 ☐ ☐ ☐ ☐ ☐ ☐ ☐ ☐ ☐ ☐ 10 (Absolut)

Woran machst du deine Einschätzung fest?

....

....

....

DEINE ROLLE ALS MUTTER/VATER

Was denkst du, beinhaltet deine eigene Elternrolle konkret?

....
....
....

Was solltest du tun?

....
....
....

Was solltest du unterlassen?

....
....
....

Spielt die Prägung durch deine Eltern hierbei eine Rolle?

(Ganz und gar nicht) 1 ☐ ☐ ☐ ☐ ☐ ☐ ☐ ☐ ☐ ☐ 10 (Absolut)

Orientierst du dich an Werten im Außen?

(Ganz und gar nicht) 1 ☐ ☐ ☐ ☐ ☐ ☐ ☐ ☐ ☐ ☐ 10 (Absolut)

Was ziehst du bei solchen Fragen gerne heran: Ratgeberliteratur, Freunde/Familie, YouTube oder anderes?

....
....
....

Was denkst du über Mütter/Väter, die alles richtig und perfekt machen möchten?

(Helikoptereltern) 1 ☐ ☐ ☐ ☐ ☐ ☐ ☐ ☐ ☐ 10 (Meine Helden)

Was sollten sie aus deiner Sicht tun?

....

....

....

Hast du das Gefühl, ein/e gute/r Mutter/Vater zu sein?

....

....

....

Was sagen Familie/Verwandte/Freunde zu dir über dein Verhalten als Mutter/Vater?

....

....

....

Stell dir vor, du sitzt im hohen Alter gemütlich in einem Schaukelstuhl und blickst zurück auf deine Zeit als Elternteil: Was würdest du dir selbst gerne rückblickend über deine Rolle als Mutter/Vater sagen können?

....

....

....

Hast du das Gefühl, dass du das, was du im hohen Alter mal über dich selbst sagen möchtest, auch schon jetzt sagen könntest?

(Ganz und gar nicht) 1 ☐ ☐ ☐ ☐ ☐ ☐ ☐ ☐ ☐ ☐ 10 (Absolut)

FREUNDSCHAFTEN

Freundschaften zählen neben der Beziehung zu einem Partner und zur eigenen Familie für die Allermeisten zu den wichtigsten Beziehungen im Leben. Sandkastenfreunde bleiben häufig Freunde fürs Leben oder begegnen sich nach vielen Jahren wieder und merken, dass immer noch eine starke Verbindung besteht, obwohl man sich eine gefühlte Ewigkeit nicht gesehen hat. In jeder Stufe unserer Sozialisation lernen wir neue Freunde oder enge Bekannte kennen. Ob nun in der Schule, während der Ausbildung, im Beruf, im Verein oder sogar noch als Rentner im Altersheim. Tiefe Freundschaften sind etwas ganz Besonderes und es gelten häufig unausgesprochene Regeln. Loyalität, Treue oder Hilfestellung spielen in Freundschaften manchmal sogar noch eine größere Rolle als in Beziehungen. Man hat zwar keinen »Anspruch« auf den anderen, erwartet aber dennoch bestimmte Dinge von der oder dem »Besten«.

Wie viele Menschen würdest du als deine »engen« Freunde bezeichnen?

....

....

....

Wie viele Bekannte, also nicht so enge Freunde, hast du?

....

....

....

Was unterscheidet für dich Freunde von Bekannten?

....

....

....

Welche Erwartungen hast du an deine Freunde?

....

....

....

Womit würden sie dich enorm verletzen und eure Freundschaft riskieren?

....

....

....

Kannst du dich an Situationen erinnern, in denen dich Freunde unter Druck gesetzt haben? Wenn ja, womit?

....

....

....

Kannst du dich an Situationen erinnern, in denen du umgekehrt Freunde unter Druck gesetzt hast? Wenn ja, womit?

....

....

....

Was unterscheidet die Erwartungen deiner Freunde von deinen eigenen?

....

....

....

Was denkst du, ist an Erwartungen verhältnismäßig in Freundschaften?

....

....

....

Und was würde den Rahmen sprengen?

....

....

....

Wer oder was wärst du ohne deine Freunde?

....

....

....

ÄUSSERLICHKEITEN

Wir leben in einer Welt, die seit Jahrzehnten immer mehr auf Äußerlichkeiten bedacht ist. Auch wenn Menschen in den Jahrhunderten zuvor nicht aussehen wollten wie eine Schippe Würmer und sich schon die Rokoko-Baronin puderte und falsche Leberflecken aufklebte, so lässt sich doch feststellen, dass es heute immer mehr um das Thema Schönheit geht. Ganze Branchen ranken sich um Mittelchen und Fläschchen, um unsere Äußerlichkeiten auf ein bestimmtes Ideal hin zu entwickeln. Von Kosmetikfirmen über Schönheitschirurgen hin zu Fitnesstrainern ist alles dabei, was uns helfen soll, knackig und attraktiv zu werden oder zu bleiben. Und das am besten schon im Teenageralter.

Nicht jeder ist von dem Druck, schön sein zu wollen, gleich stark betroffen. Es gibt sogar Branchen, da darf man nicht zu schön oder attraktiv sein. Da gehört es fast schon zum guten Ton, unauffällig und ungeschminkt aufzutreten wie beispielsweise in Helfer- oder Pflegeberufen im medizinischen Sektor. Da sind falsche Nägel nicht nur aus medizinischer Sicht ein Tabu. Da hält man im Berufsleben selten etwas von einer aufgedonnerten Krankenschwester. Die gehört eher in die Fantasiewelt der Männer als in einen echten Klinikbetrieb. Männer in Führungspositionen sollten übrigens auch nicht allzu metrosexuell sein und sich die Augenbrauen zupfen oder gar die Beine rasieren. Ein hohes Maß an Attraktivität verleitet viele hochrangige Chefs dazu, dem Mann nachzusagen, er beschäftige sich eher mit seinem Aussehen als mit dem aktuellen Dax-Kurs. Sich um die eigene Schönheit zu kümmern wird eben nicht in allen Männerwelten geschätzt. Auch wenn glücklicherweise immer mehr Offenheit in vielen Branchen Einzug hält und oberflächliche Bewertungen auf dem Rückmarsch sind, sind dies Beispiele dafür, wo Äußerlichkeiten keine oder eine eher negative Rolle spielen können.

Jedoch beziehen sich Äußerlichkeiten nicht nur rein auf Make-up, Frisur oder Kleidung. Viele Männer legen in Sachen Äußerlichkeiten oft mehr Wert auf körperliche Fitness, die wiederum Stärke und somit Männlichkeit vermitteln soll. Oder sie steigern die Attraktivität Ihres Äußeren durch andere Faktoren, nämlich Statussymbole. Unvergessen der Mann aus der Sparkassenwerbung, der sich mit »Mein Haus, mein Auto, mein Boot« im kollektiven Gedächtnis verankerte.

Es gibt Studien, die besagen, dass attraktive Menschen in Vorstellungsgesprächen bessere Chancen haben, einen Job zu erhalten. Dann wiederum gibt es Erkenntnisse, dass es attraktivere Frauen schwerer haben, einen Mann kennenzulernen. Interessant in dem Kontext ist, dass Männer zwar auch auf das Äußere einer Frau achten, aber generell eher auf innere Werte wie emotionale Stabilität, Loyalität oder Unabhängigkeit achten. Auch möchten die wenigsten mit einem Model liiert sein, obwohl sie die Frau ästhetisch vielleicht schön finden. Frauen wiederum denken häufig, dass sie genauso oder noch besser aussehen müssten als irgendwelche retuschierten Models auf Werbeanzeigen oder Instagram. So viel zu elementaren Missverständnissen zwischen den Geschlechtern.

Auch wenn sie es tief im Inneren eigentlich besser wissen, klagen viele über den »Schönheits- und Fitnesswahn« in unserer Gesellschaft. Der Druck von außen wirkt hierbei indirekt und führt bei nicht wenigen zu Minderwertigkeitsgefühlen oder gar Essstörungen. Glücklicherweise outen in der durch Oberflächlichkeiten geprägten Social-Media-Welt immer mehr Menschen, unter welchem Druck sie stehen, schön und attraktiv sein zu müssen und was das mit ihnen macht. Die Fitfluencerin Sophia Thiel hat sogar eine mehrjährige Social-Media-Pause eingelegt und ist vor Kurzem mit ihrem offenen Bekenntnis über ihren Fitnesswahn und ihre Essstörung in die Bestsellercharts aufgestiegen.

Nicht jeder ist jedoch bei Social Media aktiv und nicht jeder blättert den ganzen Tag durch irgendwelche Zeitschriften mit Werbeanzeigen voll von Adonissen und Barbies. Jedoch fängt meist schon im Teenageralter das Vergleichen untereinander an. Weiter geht es in der Ausbildungszeit und nahtlos über in das Arbeitsleben. Denn auch in diesen Bereichen unseres Lebens werden wir mit Äußerlichkeiten konfrontiert. Das kann dann die Norm sein, Businessoutfits tragen zu müssen, die eventuell nicht von H&M sein sollten, weil man als Aushängeschild des Unternehmens ja auch etwas Hochwertiges präsentieren soll. Oder aber man sollte als Bedienung im Café, in dem die Stammkundschaft etwas betagter ist, kein tief ausgeschnittenes Dekolleté zeigen. Es gibt unzählige Beispiele für »Standards« oder Druck von außen in Bezug auf Äußerlichkeiten. Daher wird es im Folgenden um das Aussehen, das Gewicht und das Altern gehen – die wichtigsten dieser Äußerlichkeiten.

PRAXISBEISPIEL

Ich hatte schon mein ganzes Leben lang das Gefühl, dass ich weder besonders hübsch bin noch dass meine Figur so in Ordnung ist, wie sie ist. Bereits als kleines Mädchen hatte ich das Gefühl, vielleicht auch aufgrund meiner burschikosen Art und meiner späteren Vorliebe für extreme Frisuren, dass ich nicht das typische, liebe Mädchen war, das gerne rosafarbene Spangen in den Haaren trug und zu dem alle sagten: »Oh, na du bist aber eine Süße.«

In der Grundschule war ich im Leichtathletikverein und erkannte für mich, dass Sprints und Hochsprung mein Ding waren. Ich hatte viel Kraft und Schnelligkeit. Jedoch trat ich immer gegen langbeinige Gazellen an, und ich erinnere mich, dass ich mich schon damals zu dick fühlte. Objektiv betrachtet, war ich nie wirklich dick, nicht einmal ansatzweise übergewichtig. Und wenn ich mir heute alte Kinderfotos aus dieser Zeit anschaue, sehe ich, dass ich rein äußerlich mehr Mädchen war, als ich das erinnere. Nichtsdestotrotz: Das Grundgefühl blieb. Ich fühlte mich viele Jahre dick und hässlich.

Während meines Studiums traf ich mich mit einer Kommilitonin zum gemeinsamen Lernen für eine Klausur in meiner Wohnung. Alexandra war in meinem Alter und wir kamen durch einen Nebensatz von mir auf das Thema Äußerlichkeiten und Gewicht. Ich sagte ihr, wie sehr ich sie für ihre schlanken Beine bewunderte und dass ich froh wäre, wenn ich nur so viel wiegen würde wie sie. Bei gleicher Größe brachte ich nämlich fast 10 Kilos mehr als sie auf die Waage. Fassungslos blaffte sie mich an, und eigentlich mochte ich ja gerade diese ehrliche und direkte Art, was mit mir nicht stimmt. Aus ihrer Sicht sei meine Figur mehr als top. »Du bist doch nicht dicker als ich!«, raunzte sie mich an. Das Gewicht sei aus ihrer Sicht nur eine Zahl. Unser Körperbau sei doch total verschieben. »Das geht doch gar nicht, dass du dich mit mir vergleichst!« Ich muss wohl wenig überzeugt gewirkt haben, denn sie sagte: »So, du ziehst jetzt meine Jeans an. Dann wirst du sehen, dass wir die gleiche Figur haben. Du hast einfach einen Knick in der Optik.« Klar, ich habe mich zuerst gewehrt, aber dann wechselten wir die Jeans. Und zu meiner Überraschung passte mir ihre wie angegossen.

AUSSEHEN

Findest du dich schön?

(Ganz und gar nicht) 1 ☐ ☐ ☐ ☐ ☐ ☐ ☐ ☐ ☐ 10 (Absolut)

Was bedeutet Schönheit für dich?

....
....
....

Was findest du richtig schön an dir?

....
....
....

Was könnte vielleicht schön an dir sein?

....
....
....

Was magst du gar nicht an deinem Äußeren?

....
....
....

Ist es dir selbst wichtig, schön und attraktiv zu wirken?

(Ganz und gar nicht) 1 ☐ ☐ ☐ ☐ ☐ ☐ ☐ ☐ ☐ ☐ 10 (Absolut)

Wofür erhältst du die meisten Komplimente?

....
....
....

Wie wichtig ist Schönsein in deinem Umfeld (Beruf, Freundeskreis, Familie)?

(Total unwichtig) 1 ☐ ☐ ☐ ☐ ☐ ☐ ☐ ☐ ☐ ☐ 10 (Absolut wichtig)

Für wie wichtig hältst du Schönheit im Kontext von Dating oder Beziehungen?

(Total unwichtig) 1 ☐ ☐ ☐ ☐ ☐ ☐ ☐ ☐ ☐ ☐ 10 (Absolut wichtig)

Was sagt aus deiner Sicht die Attraktivität über einen Menschen aus?

....
....
....

Wie viel Zeit verbringst du durchschnittlich am Tag im Bad/mit Styling etc.?

....
....
....

Wie viel Geld gibst du monatlich für dein Aussehen aus: Kosmetik, Kleidung, Fitness?

....
....
....

GEWICHT

Wie viel wiegst du?

....

Falls du nicht weißt, wie viel du wiegst, woran liegt das? Hast du bewusst keine Waage, weil dich dein Gewicht nicht interessiert, oder hast du vielleicht Angst davor, welche Zahl sie dir anzeigt?

....
....
....

Bist du mit deinem Gewicht zufrieden?

(Ganz und gar nicht) 1 ☐ ☐ ☐ ☐ ☐ ☐ ☐ ☐ ☐ ☐ 10 (Absolut)

Kennst du deinen Body-Mass-Index? Und was sagt dieser über deinen Körper aus?

....

....

....

Wie wichtig sind dir generell Kilos, Kalorien und Bodymaßzahlen?

(Total unwichtig) 1 ☐ ☐ ☐ ☐ ☐ ☐ ☐ ☐ ☐ ☐ 10 (Absolut wichtig)

Hast du Erfahrungen mit »Bodyshaming« gemacht?

(Ganz und gar nicht) 1 ☐ ☐ ☐ ☐ ☐ ☐ ☐ ☐ ☐ ☐ 10 (Absolut)

Wie drückt sich das aus?

....

....

....

Bist du mit deiner Ernährung zufrieden?

(Ganz und gar nicht) 1 ☐ ☐ ☐ ☐ ☐ ☐ ☐ ☐ ☐ ☐ 10 (Absolut)

Woran möchtest du vielleicht etwas ändern?

....

....

....

Wie oft bestellst oder holst du dir Essen über ein Restaurant oder den Bringdienst?

(Total unwichtig) 1 ☐ ☐ ☐ ☐ ☐ ☐ ☐ ☐ ☐ 10 (Absolut wichtig)

Wie sehr kannst du dich auf dein Hunger- und Sättigungsgefühl verlassen?

(Ganz und gar nicht) 1 ☐ ☐ ☐ ☐ ☐ ☐ ☐ ☐ ☐ 10 (Absolut)

Hast du körperliche Symptome, die auf deine Ernährung, auf Bewegungsmangel oder deinen Lebensstil (Rauchen, Trinken, Drogen) zurückzuführen sind?

....

....

....

Wie viele Stunden pro Woche treibst du Sport und welche Arten?

....

....

....

Bist du zufrieden mit dem Ausmaß, in dem du dich sportlich betätigst?

(Ganz und gar nicht) 1 ☐ ☐ ☐ ☐ ☐ ☐ ☐ ☐ ☐ 10 (Absolut)

Kennst du altersgemäße oder gewichtsreduzierende Empfehlungen für sportliche Betätigung, etwa: »Ich sollte mindestens viermal wöchentlich Sport treiben, um auf mein Idealgewicht zu kommen«? Von wem oder woher stammen diese Informationen?

....
....
....

⚙ ÜBUNG

Zeichne nun deinen Körper als Skizze. Du brauchst dich nicht im Detail zu zeichnen. Es geht nur um die eigene Wahrnehmung deines Körpers und deiner Proportionen. Nimm dir hierfür ruhig ein paar Minuten Zeit. Betrachte dich noch einmal dazu im Spiegel oder nimm ein Foto von dir zuhilfe zum Zeichnen. Zeige dieses Bild dann einer vertrauten Person, und frage sie, ob sie dich auch so sieht. Falls sie dich anders sieht, nimm einen andersfarbigen Stift und lass sie ihre Sicht einzeichnen (beispielsweise schmalere Hüfte, längere Beine etc.).

....
....
....
....
....
....
....
....

Wie empfindest du es, dich selbst gezeichnet zu haben und deine Sicht von dir auf dich vor Augen zu haben?

....

....

....

Wie hat dich jemand anderes eingeschätzt? Gab es Unterschiede? Und, wenn ja, wie ging es dir damit?

....

....

....

ALTERN

Wie stehst du generell zum Älterwerden?

....

....

....

Was sind die Vorteile?

....

....

....

Was sind die Nachteile?

....

....

....

Hast du schon Veränderungen deines Körpers bemerkt?

....
....
....

Würdest du etwas an dir operieren lassen wollen?

....
....
....

Was tust du generell gegen das Altern (Kosmetik, Sport, Ernährung etc.)?

....
....
....

Wie viel Geld gibst du dafür aus?

....
....
....

Was denkst du, ist die gesellschaftliche Sicht aufs Älterwerden?

....
....
....

Was denkst du über die Redewendung »Man ist so jung wie man sich fühlt«?

(Totaler Quatsch) 1 ☐ ☐ ☐ ☐ ☐ ☐ ☐ ☐ ☐ ☐ 10 (So ist es)

Hast du Angst vor dem Älterwerden?

(Ganz und gar nicht) 1 ☐ ☐ ☐ ☐ ☐ ☐ ☐ ☐ ☐ ☐ 10 (Absolut)

Hast du Angst vor dem Tod?

(Ganz und gar nicht) 1 ☐ ☐ ☐ ☐ ☐ ☐ ☐ ☐ ☐ ☐ 10 (Absolut)

PERSÖNLICHKEITSENTWICKLUNG

Unter diesem Schlagwort lassen sich viele Bereiche auch des psychologischen Coachings zusammenfassen. Während der eine spontan an Klangschalenmeditation denkt, fallen anderen Bootcamps zur Steigerung des Selbstbewusstseins ein. Für jeden von uns bedeutet die Entwicklung der Persönlichkeit etwas anderes. Und für jeden Geschmack bietet der Markt die passende Lösung an. Wer heutzutage noch mit persönlichen »Defiziten« zu kämpfen hat, ist eigentlich selbst schuld, jedenfalls wenn man dem glaubt, was uns die Werbung suggeriert. Selbstoptimierung ist das Schlagwort: Packen wir es selbst an, dann funktioniert es.

Neben der Entwicklung von neuen Strategien zur Steigerung von beispielsweise Zufriedenheit, Resilienz und Achtsamkeit gibt es aber auch einen Bereich, der auf den ersten Blick nicht direkt mit der eigenen Persönlichkeit zu tun hat, nämlich den der Nachhaltigkeit zum Beispiel in Bezug auf Ernährung oder Mobilität. Hier entwickelt man seine Persönlichkeit eigentlich für andere weiter im Sinne der Solidarität. Die eine Fraktion der Persönlichkeitsentwickler macht sich als »Glückszombie« auf den Weg zu innerem Frieden und absoluter Wertfreiheit, um dieses Glück nach außen weiterzugeben, und die anderen stellen sich eher die

»Greta-Frage«[3] oder bekennen sich zur neuen Religion des »Foodamentalismus«[4]. Da man sich dann sehr stark über das Essen definiert, kann es vorkommen, dass Andersgläubige verurteilt werden. Manchmal brechen regelrechte »Glaubenskriege« zwischen Menschen aus, die sich auf die »althergebrachte« Weise oder vegan, paläo, glutenfrei oder in Intervallen ernähren. Aber auch die »Greta-Frage« spaltet mittlerweile die Gemüter. Man fragt sich, ob es in Ordnung ist, dass man selbst nicht mit auf die Straße geht und seinen Teil beiträgt. Da kann es passieren, dass man sich zweimal überlegt, ob man den einstündigen Inlandflug bucht. Dabei weiß man eigentlich selbst, dass man am besten täglich mit dem Fahrrad, statt mit dem Auto zur Arbeit fährt, Fleisch vermeidet, nicht shoppt, um alles nach einmal Tragen wegzuwerfen, und erst recht kein in Plastik eingepacktes Obst beim Discounter kaufen sollte. An Schuldbewusstsein mangelt es den meisten nicht. Nur das mit der Veränderung, also der Umstellung des bisher gewohnten Lebens, fällt den meisten von uns nicht leicht. Und das ist genau der Punkt, an dem der Druck von außen zu wirken beginnt. Der Gedanke »Ich müsste, hätte, sollte« wird dann zum täglichen Begleiter.

GLÜCKSZOMBIES

Der Begriff der Glückszombies ist vielleicht etwas überspitzt, beschreibt aber treffend diejenigen unter uns, die es mit dem Wunsch nach dem persönlichen Glück ein wenig übertreiben. Glückszombies sind das Paradebeispiel für Menschen, die sich auf ihrem Weg nach Erfüllung und Glück selbst unter Druck setzen. Sie wirken dann auf andere manchmal wie ausgelaugte Zombies. Nicht jeder, der sich auf die Reise zu sich

---

3   Abwandlung der »Gretchen-Frage« bezogen auf die Umweltaktivistin Greta Thunberg
4   Kathrin Burger, Foodamentalismus – Wie Essen unsere neue Religion wurde, Riva Verlag, München 2019.

selbst begibt, ist deshalb schon an diesem Punkt angelangt. Aber wer schon einmal einen Yogakurs besucht hat, wird feststellen, dass sich selbst dort, in diesem eigentlich doch um Entspannung bemühten Setting, meist eine Person durch eine gewisse Anspannung hervortut, die man selbst als unangenehm oder übertrieben empfindet. Dann sind Wettkämpfe möglich, wer in einer bestimmten Position das Bein höher, den Kopf tiefer oder die Schulterbrücke länger hinbekommt. Augenfällig wird dies durch die entlarvenden Blicke der besonders Strebsamen, mit denen diese Bestätigung heischen.

PRAXISBEISPIEL

Ariane war eine extrovertierte, durchtrainierte Mitfünfzigerin, die zu mir ins Coaching kam, um sich mehr auf sich und ihre (beruflichen) Wünsche zu fokussieren. Zwischen uns »funkte« es spontan. Sie war mir nicht nur äußerst sympathisch. Ich hatte auch das Gefühl, dass es Parallelen in unser beider Leben gab, obwohl wir eigentlich sehr unterschiedlich waren. Sie redete ohne Punkt und Komma, war extrem reflektiert und offen. Ihr Bedürfnis, sich mitzuteilen, sich zu erleichtern und vor allem verstanden zu werden, war sehr groß. Ich schloss sie direkt ins Herz. Sie erzählte mir viel von ihrer Vergangenheit. Manchmal fiel es nicht leicht, überhaupt etwas über ihr »Hier und Jetzt« zu erfahren oder sie gedanklich in die Gegenwart zu holen. Sie hatte diverse psychische Diagnosen erhalten in den letzten Jahrzehnten und außerdem viele körperliche Erscheinungen, die sie mit ihrem seelischen Zustand in Zusammenhang brachte. Sie war nicht nur selbstreflektiert und auf dem neuesten Stand, was ihre Symptome, Ursachen und Ausprägungen anbelangte, sondern sie war selbst ihr eigener Coach. Irgendwann stellte ich die provokante Frage, wofür sie mich noch brauche, da sie doch eigentlich schon alles über sich wisse und auch ihre Handlungsoptionen kenne? Da brach es aus ihr heraus. Sie erkannte, dass sie um sich eine Mauer aus Fachwissen aufgebaut und dadurch den Zugang zu sich selbst verbaut hatte. Der Schmerz, den sie an diesem Punkt fühlte, war ein heilsamer. Denn sie erkannte, dass sie nicht alles allein schaffen, alles im Griff haben musste, dass sie sich verletzlich zeigen durfte, ohne von mir deshalb abgelehnt zu werden.

Nach diesem emotionalen Durchbruch öffnete sie sich mir weiter und berichtete, dass sie teilweise mehrere Stunden am Tag mit Meditationen, Podcasts und Ratgebern verbrachte. Sie hatte fast schon ein Suchtverhalten entwickelt, sich persönlich weiterzuentwickeln, um aus dem Gedankenkarussell an Selbstvorwürfen und Zweifeln aussteigen zu können. Es müsse doch möglich sein, mit all diesen Erkenntnissen endlich ein erfülltes Leben zu führen, wiederholte sie mir gegenüber. Sie stünde sich immer noch im Weg, obwohl sie so hart an sich arbeite. Dass sie täglich zusätzlich mehrere Stunden sportlich aktiv war, um sich selbst zu spüren, erwähnte sie, als sei es eine unwichtige Fußnote.

Die Daueranspannung, unter der sie litt, wurde ihr schlagartig bewusst, und dass ihr Körper erst durchs Auspowern richtig gefordert wurde. Dass sie selbst es war, die diese Anforderungen an sich stellte, wurde ihr dann nach und nach im Coaching deutlich. Länger dauerte es, bis sie erkannte, dass dem ein einziger Gedanke zugrunde lag: Sie war nicht gut genug, so wie sie war. Sie konnte zwar sagen, was sie sich alles Gutes tat, aber sie konnte es nicht fühlen. Und das, obwohl die Leistung ihr starke Gefühle abverlangte und auch schenkte. Doch das eine Gefühl fehlte, das eine, das ihr hätte zeigen können, welch wunderbarer und liebenswerter Mensch sie war.

Was bedeutet Persönlichkeitsentwicklung für dich persönlich?

....

....

....

Haben Menschen im Außen dich schon einmal darauf hingewiesen, dass du in einem bestimmten Bereich »Optimierungsbedarf« hast?

....

....

....

Gibt es Sätze, die bei dir in diesem Zusammenhang hängen geblieben sind? Sätze wie »Wenn du weniger aufbrausend wärst, hättest du auch nicht so viele Probleme.« Oder: »Solange du nicht lernst, dich etwas offener zu zeigen, musst du dich nicht wundern, dass du keinen kennenlernst.«

....

....

....

Bist du gut genug, so wie du bist?

(Ganz und gar nicht) 1 ☐ ☐ ☐ ☐ ☐ ☐ ☐ ☐ ☐ 10 (Absolut)

Was solltest du aus deiner Sicht verbessern?

....

....

....

Wozu raten dir Familie/Freunde/Kollegen?

....

....

....

Leidest du unter einer psychischen Krankheit wie zum Beispiel Border-
line, Depression, Essstörungen?

....

....

....

Wie geht es dir mit einer solchen Diagnose?

....

....

....

Wozu ist sie gut?

....

....

....

Was machst du konkret, um dich weiterzuentwickeln? Liest du Bücher,
hörst du Podcasts, schaust du YouTube-Videos oder besuchst du Seminare?

....

....

....

Wie viele Stunden in der Woche verbringst du damit?

....

....

....

Was bedeutet Glück für dich?

....

....

....

Was bedeutet Zufriedenheit für dich?

....

....

....

Wie glücklich bist du momentan?

(Glück haben alle außer mir) 1

□ □ □ □ □ □ □ □ □ □

10 (Ich bin absolut glücklich und zufrieden)

Wie zufrieden bist du momentan?

(Ich war noch nie unzufriedener als jetzt) 1

□ □ □ □ □ □ □ □ □ □

10 (Ich kann voll und ganz zufrieden sein mit mir)

Was solltest du deiner Meinung nach verändern, um glücklicher oder zufriedener zu sein?

....

....

....

Was müsstest du tun, um dein momentanes Befinden zu verschlimmern?

....

....

....

Was machen andere Menschen anders, die glücklicher oder zufriedener sind als du?

....

....

....

Was, denkst du, hält dich davon ab, es genauso zu machen wie sie?

....

....

....

NACHHALTIGKEIT

Unter diesem Begriff lassen sich bekanntlich sehr viele Aspekte zusammenfassen. Das Thema wird aus gutem Grund immer wichtiger für uns Menschen. Denn so, wie wir mit der Umwelt und den Tieren umgehen, werden wir nicht länger folgenlos weitermachen können. Dass sich diese Erkenntnis, die wir unter dem Begriff Nachhaltigkeit zusammenfassen, erst in den letzten Jahren richtig verbreitet, verwundert mich sehr. Denn schon in den 1980er-Jahren wurde über Umweltkatastrophen und das Aussterben vieler Tierarten berichtet. Was der Wunsch nach Nachhaltigkeit jedoch auslösen kann, zeigt sich in vielen Alltagssituation. Ich erwähnte ja schon die Themen Mobilität und Ernährung. Aber auch der generelle Konsum von Waren wie Kleidung, Möbeln oder Elektronik zeigt uns auf, an welchen Stellen wir noch mehr auf die Umwelt achten können. Mancherorts scheint es zwar noch so, als sei Nachhaltigkeit lediglich ein Großstadtphänomen, auf das vor allem Besserverdiener gepolt sind. Denn wer sonst kann das hochwertige Fleisch vom Biometzger, das Elektroauto oder die Consciousness-Kollektion von H&M bezahlen? Dieser Ansatz erscheint mir jedoch etwas einseitig. Allerdings fällt auf, dass wir in Deutschland brav den Müll trennen, während in anderen Ländern einfach alles in den Fluss geworfen oder verbrannt wird. Oder aber, dass man in Berlin-Mitte problemlos einen trommelgerösteten Bio-Flat-White mit Hafermilch im Recup-Becher, natürlich ohne Plastikdeckel, bekommt, während man kaum 20 Kilometer entfernt froh sein kann, wenn der Bäcker für den Filterkaffee überhaupt echte Milch statt Kondensmilch in kleinen Plastikdöschen anbieten kann, von Sojamilch ganz zu schweigen. Veganer haben es auch heute noch schwer, auf Reisen an der Raststätte zwischen Bockwurst, Mettbrötchen und Gulaschsuppe ein Gericht zu finden. Vielleicht fragst du dich, was das eigentlich mit dem Druck von außen zu tun hat? Es geht ja letztlich um eine gute Sache, die uns alle betrifft und der man sich anschließen sollte. In der Tat verspürt ja glücklicherweise nicht jeder diesen Druck. Das ist offensichtlich, denn viele Menschen essen ohne schlechtes Gewissen ihr Fleisch oder kaufen im Discounter Billigprodukte ein. Aber was ist mit denen von uns, die gerne nachhaltig leben möchten, es aber finanziell oder aus anderen Gründen nicht gut umsetzen können? Wie fühlt man sich in dieser Situation?

Ist Nachhaltigkeit ein Thema, mit dem du dich selbst beschäftigst?

(Interessiert mich nicht die Bohne) 1

☐ ☐ ☐ ☐ ☐ ☐ ☐ ☐ ☐ ☐

10 (Ist absolut wichtig für mich)

Wie drückt sich das aus? In welchen Bereichen deines Lebens achtest du darauf?

....

....

....

Wie sehen das deine Familie/Freunde?

....

....

....

Was war der Anlass, etwas an deinem bisherigen Verhalten zu ändern?

....

....

....

Wie viel Geld gibst du im Durchschnitt mehr aus?

....

....

....

Was denkst du über Menschen, die sich nicht mit dem Thema ausein-
andersetzen wollen?

....

....

....

Was glaubst du, würde passieren, wenn sich nicht noch mehr Menschen für ein nachhaltigeres Handeln entscheiden?

....

....

....

Wie bewertest du die Aussage, dass Nachhaltigkeit ein Großstadtphänomen oder ein Privileg von Besserverdienern ist?

(Stimmt ganz und gar nicht) 1

☐ ☐ ☐ ☐ ☐ ☐ ☐ ☐ ☐ ☐

10 (Stimme voll und ganz zu))

Welche soziale Norm sollte deiner Meinung nach in Bezug auf Nachhaltigkeit gelten?

....

....

....

FOODAMENTALISMUS[5]

In den letzten Jahrzehnten ist das gesellschaftliche Bewusstsein entstanden, dass wir mit unserem bisherigen Verhalten nicht nur den Tieren und der Umwelt schaden, sondern letztlich uns selbst. Dieser positive Trend hat jedoch auch Schattenseiten. Denn nicht nur in Bezug auf Nachhaltigkeit entsteht immer mehr Druck. Im Zwischenmenschlichen scheint die Frage immer wichtiger zu werden, wie bzw. womit man sich ernährt. Während die einen von uns kritisch darauf hinweisen, dass Veganer doch Mangelerscheinungen haben müssten, wirft man Low-Carb-Fans vor, dass sie durch ihren Verzicht auf Gluten die

---

5   Kathrin Burger, Foodamentalismus – Wie Essen unsere neue Religion wurde, Riva Verlag, München 2019.

Fleischindustrie unterstützen. Der Spruch »Du bist, was du isst« erhält hierbei völlig neue Dimensionen. Gerade in sozialen Medien scheint es regelrecht Jünger zu geben, die bedenkenlos ihre Botschaft verbreiten und Ungläubige bekehren wollen. Zum Glück gibt es das Recht auf Meinungsfreiheit. Aber wer schon einmal solche Blogs gelesen hat und dabei ein einfaches Käsebrötchen gekaut hat, weiß, wie schlecht man sich fühlen kann, wenn man von anderen darauf hingewiesen wird, dass man selbst für den Untergang dieser Welt verantwortlich sein soll.

Wie wichtig ist für dich deine Art der Ernährung?

(Ganz und gar nicht) 1 ☐ ☐ ☐ ☐ ☐ ☐ ☐ ☐ ☐ ☐ 10 (Absolut)

Hast du einen bestimmten Ernährungsstil oder -plan?

....

....

....

Worauf achtest du dabei besonders?

....

....

....

Welche Rolle spielt hierbei der Preis von Lebensmitteln für dich?

(Ganz und gar nicht) 1 ☐ ☐ ☐ ☐ ☐ ☐ ☐ ☐ ☐ ☐ 10 (Absolut)

Und warum ist das so?

....

....

....

Wo siehst du bei dir Verbesserungsbedarf?

....

....

....

Woher stammt diese Erkenntnis?

....

....

....

Was hältst du von Menschen, die sich dafür einsetzen, dass sich andere Menschen anders ernähren sollten?

....

....

....

Worauf sollten andere Menschen aus deiner Sicht in puncto Ernährung achten?

....

....

....

FREIZEITGESTALTUNG

Schaut man sich das Wort einmal genauer an, liegt die Interpretation nahe, dass Freizeit eines bedeutet: freie Zeit. Der Duden definiert Freizeit sogar als Zeit, in der jemand nicht zu arbeiten braucht oder keine besonderen Verpflichtungen hat, sondern für Hobbys oder Erholung frei ist. Was aber bedeuten wiederum Hobbys und Erholung? Ist ein Hobby etwas, was man einfach nur so zum Spaß macht oder gibt es dort nicht auch häufig Vereine, in denen man sich zu bestimmtem Engagement verpflichtet oder gegenseitig durch Wettbewerbe an etwas misst? Ist Erholung wirklich nur, relax auf dem Balkon in der Sonne zu liegen, oder »müssen« wir uns nicht eher angestrengt im wohlverdienten Urlaub erholen und erwarten dann von diesem Ausflug wahre Entspannungswunder?

Freizeit bedeutet heutzutage für viele von uns etwas anderes, als es vielleicht noch vor 50 Jahren der Fall war. Denn auch hier hat mittlerweile der Begriff »Freizeitstress« Einzug gehalten. In der manchmal wenigen Freizeit, die uns der Berufsalltag lässt, wollen wir so viel erleben oder erledigen, dass sich ein Druckgefühl entwickelt. Hierbei kann der Druck von außen kommen, zum Beispiel dadurch, dass Freunde sich verabreden möchten, die Großmutter besucht werden will oder aber der Verein, in dem man angemeldet ist, eben auch wichtige Termine am Wochenende für uns bereithält. Hinzu kommen die eigenen Wünsche nach Zerstreuung, Abwechslung oder Ablenkung. Freizeit ist an und für sich eine großartige Sache, sie kann aber auch zu einem enormen Stressfaktor werden. Das wird besonders deutlich, wenn man im Urlaub an bestimmten Spots, die sich Instagram-Spots nennen, Hunderte Influencer sieht, die sich für das perfekte Foto und die dazugehörigen Likes in den waghalsigsten Posen vor einen Abgrund stellen oder besonders lasziv unter einem blühenden Kirschbaum räkeln. Doch schon der ganz normale Alltag hält in puncto Freizeit so manche Tücken bereit.

PRAXISBEISPIEL

Melanie kam ins Coaching, weil sie sich schon länger ausgebrannt und unzufrieden fühlte. Sie vermutete, dass es an ihrem Job lag, der sie nur noch mittelmäßig interessierte. Sie wollte mit meiner Hilfe ihre wahre Berufung finden, um sich besser und ausgeglichener zu fühlen. Wir arbeiteten intensiv ihre Wünsche und Möglichkeiten heraus und stießen nach der Hälfte des Coachings eher zufällig auf einen bislang während des Coachingprozesses vernachlässigten Bereich: ihre Freizeitgestaltung. Als wir versuchten, einen Wochenplan zu erstellen, damit sie berufliche Veränderungen dort markieren konnte, stießen wir darauf, dass sie so etwas wie Zeitfenster gar nicht hatte. Bereits bei der Terminvereinbarung war mir zwar aufgefallen, dass es überaus schwierig war, einen festen Coachingtermin zu finden, doch das ist oft so. Nun aber entdeckten wir: Sie hatte keine Sekunde Zeit für sich selbst. Eigentlich hatte sie im Gegenteil alles dafür getan, dass ihr in der Freizeitplanung keine Lücke entstand. Sie war vielseitig interessiert, und ich bewunderte, was sie alles so machte. Sie fotografierte, nähte, gab ehrenamtlich Nachhilfeunterricht, spielte Gitarre, sang in einem Chor, war im Tennisverein, war Elternsprecherin und hatte nebenbei noch einen gut laufenden Reiseblog. Ein YouTube-Kanal mit Kochtipps für alleinerziehende berufstätige Mütter war außerdem in Planung. Ihre vielen Freunde und Freundinnen traf sie regelmäßig, ja, sie war bemüht, jede(n) mindestens einmal in 14 Tagen zu treffen. Auf meine Frage hin, wann sie das letzte Mal einen ganzen Tag nur für sich mit Nichtstun verbracht habe, musste sie lange überlegen und sagte: »Vor fünf Jahren.« Das sei aber auch der einzige Tag abgesehen von der Kindheit, an den sie sich spontan erinnern könne. Damals aber habe sie das Gefühl gehabt, das Alleinsein und Nichtstun ohne schlechtes Gewissen genießen zu können.

 # ÜBUNG

Anhand von Melanies Beispiel möchte ich dich einladen, dir deine eigene Freizeitsituation mithilfe eines beispielhaften Wochenplans vor Augen zu führen. Liste dir hierzu zunächst alle Bereiche oder Tätigkeiten auf, die du selbst in den Freizeitbereich kategorisieren würdest.

Du könntest zum Beispiel notieren: Zeitungen/Zeitschriften lesen, Blogs über bestimmte Themen, Podcasts hören, Interessensgebiete wie zum Beispiel Fotografie, Reisen usw., Sport, handwerkliche/musikalische/kreative/künstlerische Tätigkeiten, Freunde treffen, Essen/in Cafés/Bars gehen und vieles mehr.

Überlege bitte, wie eine typische Woche bei dir aussieht. Natürlich ist nicht jede Woche gleich. Mir geht es um eine Übersicht, die etwas darüber aussagt, wie du dein Leben momentan gestaltest. Versuche dabei, für dich selbst so detailliert wie möglich aufzuschreiben, was du in deiner Freizeit so tust oder nicht tust.

Beispiel:
MONTAG

08–09 Uhr

Aufstehen | Kaffee trinken | Social Media | Nachrichten und E-Mails checken

09–12 Uhr

Arbeiten | dabei zwei kleine Pausen machen, in denen ich meinen Freund anrufe, mich mit meiner Freundin für abends zum Essengehen verabrede, mir einen VHS-Kurs buche

12–13 Uhr

Mittagspause | Plausch mit den Kollegen | buche meinen Sommerurlaub

13–16 Uhr

Arbeiten | dabei eine Pause, in der ich den Blog über xy lese

16–17 Uhr
Heimkommen | Hausarbeit | Fernsehen/YouTube Thema xy | etwas für den Verein erledigen
17–19 Uhr
Essen gehen mit der Freundin
20–22 Uhr
Partner kommt vorbei | Arbeit am gemeinsamen Couple-Blog | Musik hören | entspannen | reden

Versuche nun in einem Journal oder auf einem Blatt Papier, dir auf ein bis zwei Seiten eine eigene Übersicht so detailliert wie möglich für eine typische Woche inklusive der Zeiträume zu erstellen.

Was ist dir bei der Bearbeitung dieser Übung aufgefallen?

....

....

....

Wie sieht dein Verhältnis von Arbeitszeit und Freizeit aus?

....

....

....

Zu deiner Freizeit: Wie viel Zeit bleibt in deiner Freizeit für dich allein (Me Time)?

....

....

....

Wie empfindest du deine eigene Me Time?

(Vergeudete Zeit) 1 ☐ ☐ ☐ ☐ ☐ ☐ ☐ ☐ ☐ ☐ 10 (Quality Time)

Wenn du wenig Zeit nur mit dir allein verbringst: Wie geht es dir damit?

(Ganz und gar nicht gut) 1 ☐ ☐ ☐ ☐ ☐ ☐ ☐ ☐ ☐ ☐ 10 (Sehr gut)

Was glaubst du, woran es liegt, dass du das so empfindest?

....

....

....

Kennst du die Angst, etwas zu verpassen?

(Ganz und gar nicht) 1 ☐ ☐ ☐ ☐ ☐ ☐ ☐ ☐ ☐ ☐ 10 (Absolut)

Kennst du die Angst, deine freie Zeit nicht sinnvoll zu nutzen?

(Ganz und gar nicht) 1 ☐ ☐ ☐ ☐ ☐ ☐ ☐ ☐ ☐ ☐ 10 (Absolut)

Kennst du die Angst, anderen nichts Spannendes oder Interessantes aus deiner Freizeit erzählen zu können?

(Ganz und gar nicht) 1 ☐ ☐ ☐ ☐ ☐ ☐ ☐ ☐ ☐ ☐ 10 (Absolut)

Kennst du bei dir eine Tendenz, deine Freizeit ebenso wie deine Arbeit »durchzutakten«?

(Ganz und gar nicht) 1 ☐ ☐ ☐ ☐ ☐ ☐ ☐ ☐ ☐ ☐ 10 (Absolut)

BUCKETLISTEN

Das Wort Bucketliste heißt rein übersetzt Eimerliste und mit diesem Begriff kann man erst einmal vermutlich so gar nichts anfangen. Nimmt man aber die Redewendung »Kick the bucket« für »den Löffel abgeben« zuhilfe, wird die Bedeutung verständlicher. Es geht bei dieser Art von Liste nämlich darum, was man im Leben gerne getan hätte, bevor man den Löffel abgibt. Sprich: eine Herzwunschliste. Der Trend dazu hat sich in den letzten Jahren entwickelt und an und für sich ist dies eine großartige Sache. Wenn da nicht so etwas wie der Druck von außen wäre, in der Lebenszeit, die einem vermeintlich noch bleibt, wirklich elementare Dinge erledigt zu haben. Niemand will kurz vor seinem Tod gerne auf das eigene Leben zurückblicken und darüber jammern, was er alles nicht getan hat. Befragungen zu diesem Themenkomplex zeigen nämlich, dass am Lebensende die Mehrheit der Menschen nicht die Dinge bereut, die sie getan haben (und die vielleicht misslungen sind), sondern die, die sie nicht getan haben. Aus diesem Grund haben Bucketlisten einen großartigen, sogar präventiven Charakter. Sie können aber auch dazu führen, dass wir uns unter Druck gesetzt fühlen. Denn wenn man eine Liste erstellt hat und ständig vor Augen hat, was man noch immer nicht erreicht hat, kann das enormen Druck auslösen. Doch woran könnte es liegen, dass eine Bucketliste nicht zur gewünschten Befriedigung der eigenen Sehnsüchte, sondern zum gefühlten Presslufthammer, mit dem wir unsere Seele bearbeiten, wird?

Schau dir hierzu deine eigene Bucketliste an. Falls du noch keine gemacht hast, wäre jetzt die Gelegenheit, dir eine zu erstellen und diese zu reflektieren. Schreibe bitte auf ungefähr einer halben Seite auf, was du in deinem Leben gerne noch machen und erleben würdest. Schreibe tolle Vorhaben, Orte, Träume auf und male sie dir detailliert aus. Dabei ist alles erlaubt. Deiner Fantasie sind keine Grenzen gesetzt. Die Liste ist gedacht als eine Art Spielwiese für deine Wünsche und Ideen.

Nachdem du diese Liste mit Ideen, Wünschen und Träumen aufgeschrieben hast: Wie ist es dir beim Erstellen deiner Bucketliste ergangen?

....

....

....

Kannst du dir vorstellen, viele dieser Punkte zu realisieren?

(Ganz und gar nicht) 1 ☐ ☐ ☐ ☐ ☐ ☐ ☐ ☐ ☐ ☐ 10 (Absolut)

Wie willst du das erreichen?

....

....

....

Was hilft dir dabei?

....

....

....

Was könnte hinderlich sein?

....

....

....

Wie würde es sich für dich anfühlen, wenn du diese Liste »abgearbeitet« hättest?

....

....

....

Was würde dann passieren?

....

....

....

Jetzt hast du dich aktiv mit deiner Zukunft auseinandergesetzt. Wirf doch einmal einen Blick in deine Vergangenheit. Was wäre, wenn du bereits ähnlich tolle Dinge wie die auf deiner Bucketliste erlebt hättest? Könntest du dir vorstellen, zurückzuschauen und eine Liste zu erstellen, in der du die Momente und Erinnerungen, die sich vermutlich anfühlten wie die auf deiner Wunschliste, aufschreibst?

Notiere dir bitte stichpunktartig die Momente und Erlebnisse, auf die du stolz bist, die dich nachhaltig begeistert haben und an die du dich gerne erinnerst. Notiere diese auch gerne auf einem separaten Blatt.

....

....

....

Wie ist es dir mit dem Erstellen deiner retrospektiven Bucketliste ergangen? Fiel es dir leicht, Beispiele zu finden?

(Ganz und gar nicht) 1 ☐ ☐ ☐ ☐ ☐ ☐ ☐ ☐ ☐ ☐ 10 (Absolut)

Was waren die Themen der Erinnerungen?

....

....

....

Könntest du dir vorstellen, dir diese Momente häufiger ins Gedächtnis zu rufen?

(Ganz und gar nicht) 1 □ □ □ □ □ □ □ □ □ □ 10 (Absolut)

Wozu wäre das gut?

....

....

....

DER DRUCKZIRKEL

Zum Abschluss dieses Kapitels möchte ich dir die Möglichkeit vorstellen, die gesammelten Erkenntnisse aus den einzelnen Lebensbereichen in deinem individuellen »Druckzirkel« grafisch darzustellen. Hierbei kannst du auf einer Skala von 1 (kaum spürbarer Druck) bis 10 (extrem starker Druck), dein aktuelles Gefühl für den Druck von außen festhalten.

Wie würdest dein aktuelles Empfinden des Drucks von außen in den ausgewählten Lebensbereichen einschätzen? Sprich: Wo empfindest du Druck wie stark?

Nimm dir für diese Übung bitte ein wenig Zeit und versuche dir selbst gegenüber ehrlich zu sein. Nutze hierzu die gestrichelten Linien, um dein persönliches Drucklevel zu markieren. Verbinde am Ende die einzelnen Punkte und lasse das Ergebnis auf dich wirken.

DEIN PERSÖNLICHER DRUCKZIRKEL

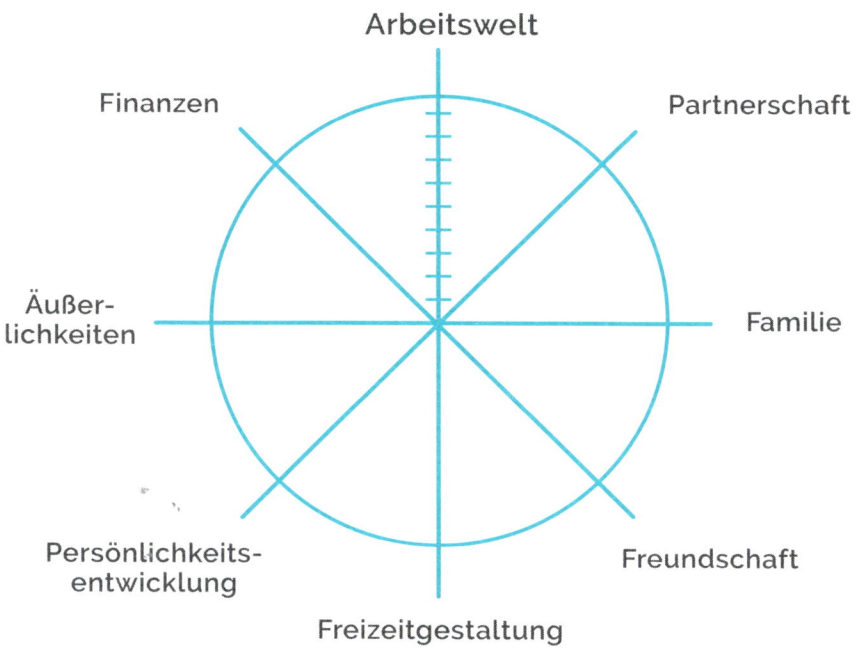

Wie würdest du das Ergebnis beschreiben?

....

....

....

Wonach sieht dieses Bild aus? Weckt es irgendwelche Assoziationen?

....

....

....

War dir das Ergebnis bewusst?

....

....

....

Welche Schlussfolgerungen ziehst du für dich aus diesem Schaubild?

....

....

....

Vielleicht machst du diese Übung in einem halben Jahr oder einem Jahr noch einmal und vergleichst das Ergebnis mit dem von heute. Bitte finde heraus, ob du Veränderungen feststellen kannst und, wenn ja, in welchen Bereichen.

2.
ERKENNTNIS: VERSTEHE, WAS IN DIR PASSIERT!

DRUCK IM INNEREN

Nach der ersten intensiven Wahrnehmung der verschiedenen Bereiche, in denen Druck von außen auf uns einwirken kann, steht die Frage im Raum, wie sich dieser Druck auf das Innere überträgt. Wenn man weiß, dass Stress eine Reaktion auf Druck ist, stellt sich die Frage, welche Auswirkungen dieser stressige Druck auf Körper und Seele haben kann. Vielleicht fragst du dich auch, ob sich nicht womöglich sogar auch ohne Zutun von außen Druck im Inneren entwickeln kann. Wenn man beispielsweise »bis zum Anschlag« mit Aufgaben überfrachtet wird, kann es passieren, dass man das Gefühl hat, dass das »Fass kurz vor dem Überlaufen ist« und man wie ein »Dampfkessel kurz vor dem Explodieren« steht. Oder aber man kommt von einem anstrengenden Tag nach Hause und braucht erst einmal eine anständige »Druckbetankung« in Form von diversen alkoholischen Kaltgetränken, um sich zu entspannen. Ebenso muss man eben auch manchmal »Dampf ablassen« oder dem Partner endlich mal die »Meinung geigen«. Und wenn das alles nicht hilft, kann man sich immerhin noch ausmalen, sich »in Luft aufzulösen«, um dem Gefühl, von den Erwartungen des anderen »erdrückt« zu werden, entfliehen zu können.

Im Sprachgebrauch zeigt sich also schon, dass es einen Zusammenhang von äußerem Druck und körperlichen oder psychischen Reaktionen gibt. Es scheint eine Art Reiz-Reaktions-Mechanismus zu geben. Druck kann demnach Gefühle oder Gedanken verursachen. Und diese wiederum können körperliche Reaktionen hervorrufen.

Gerade in Stresssituationen sind Gefühle häufig sehr intensiv. Ein Mensch, der beispielsweise durch Druck von außen innerlich vor Wut kocht, wird mit Sicherheit keinen Blutdruck von 120 zu 80 in dieser Situation haben, und seine Wortwahl wird wahrscheinlich entsprechend ausfallen. Ein Mensch, der es gewohnt ist, Druck auszuhalten und nichts zu sagen, wird vermutlich schon häufiger Magenbeschwerden oder Kopfschmerzen gehabt haben und es gewohnt sein, zu schweigen oder ausgleichende Redewendungen zu finden.

In diesem Kapitel steht der Druck im Inneren, der auch psychischer Druck genannt wird, im Vordergrund der Betrachtung und Bearbeitung. Um besser zu verstehen, wie innerer Druck entsteht bzw. welche Mechanismen am Werk sind, lohnt es sich, die Definition von Druck erneut zu rekapitulieren. Wie zu Beginn im Kapitel »(R)Eine Definitionssache« erläutert, sind drei unterschiedliche Reaktionen auf Druck möglich, nämlich »Veränderung«, »Stress« und »keine Reaktion«. Anhand des Beispiels des Vertriebsmitarbeiters, dessen Chef ihn dazu aufgefordert hat, mehr Umsatz in weniger Zeit zu erzielen, wurden die verschiedenen Möglichkeiten beispielhaft dargestellt. Geht man nun davon aus, dass die Aufforderung des Chefs den Mitarbeiter enorm unter Druck setzt, wird das Reiz-Reaktions-Schema »Druck von außen führt zu Stress« deutlich. Stress würde dann für den Mitarbeiter zum Beispiel bedeuten, dass er sich Sorgen macht, sein Arbeitsplatz könne abhängig vom Arbeitserfolg auf dem Spiel stehen. Im Inneren könnten sich Fragen aufstauen wie diese: Reicht das Arbeitslosengeld für Miete und Lebensunterhalt? Finde ich zeitnah einen neuen Job? Würde mir diese Kündigung zeigen, dass ich für den Job ungeeignet bin? Will ich überhaupt noch einmal eine Arbeit haben, bei der ich unmögliche Ziele erreichen muss? Weshalb bin ich überhaupt noch auf einen solchen Job angewiesen? Warum habe ich mich nicht längst selbstständig gemacht?

Den inneren Fragenkatalog könnte man beliebig fortführen. Was ich dir gerne veranschaulichen möchte, ist: Stress ruft häufig Ängste, Sorgen und Zweifel hervor und setzt Gedankenketten in Gang. Und diese können – je nach innerer Befindlichkeit, Resilienz oder der aktuellen Fassung – einen Rattenschwanz an Folgen nach sich ziehen: Gefühle und körperliche (somatische) Reaktionen. Auf die letzten beiden Aspekte werde ich noch im folgenden Kapitel »Akzeptanz – nimm an, was sich dir zeigt!« näher eingehen.

Hier lege ich den Fokus auf Stress als eine Reaktion, welche die meisten Menschen als negativ und belastend empfinden. Wie bereits zu Beginn erläutert, kann Eustress Menschen zu Höchstleistungen motivieren und sogar als angenehm empfunden werden. Wir fühlen uns gepushed, herausgefordert und manchmal sogar beflügelt.

Der als negativ empfundene Druck bzw. der daraus resultierende Distress als Reaktion ist hier gemeint: die Art von Reaktion, die wir unangenehm finden und die wir nicht haben wollen.

Wie aber entsteht Stress genau? Viele meinen zwar für sich erkannt zu haben, dass sie sich gestresst fühlen, und sie haben vielleicht Methoden erlernt, mit diesem Stressgefühl umzugehen. Dadurch wird aber oftmals viel zu weit »hinten« im Prozess angesetzt. Sprich: zu einem Zeitpunkt, an dem das Kind schon in den Brunnen gefallen ist. Dann geht es eher um Schadensbegrenzung, nicht mehr um Schadensbekämpfung. Oder anders ausgedrückt: Man selbst ist dann im Stressprozess mehr wie eine Kehrmaschine, die einem Straßenumzug hinterherfährt und aufräumt, was hinterlassen wurde. Mir aber geht es darum, weiter »vorn im Zug« anzusetzen. Oder um im Bild zu bleiben: Ich möchte dir helfen, der erste Wagen im Umzug zu sein, der den Zug anführt und den anderen den Weg vorgibt. Ich möchte dir den Weg zeigen zu einer Sensibilisierung, die dir die eigene Wahrnehmung erschließt für den Druck im Inneren, mit dem langfristigen Ziel der Prävention.

Die Kernfragen dieses Kapitels lauten also:

Was genau ist negativer Stress?
Und was passiert dabei in unserem Inneren?

Neutral betrachtet, ist Stress an sich eine Reaktion auf Druck. Erst anhand einer eigenen Bewertung kommt man selbst zu dem Ergebnis, dass es irgendwie »too much« ist und sich nicht gut anfühlt. Und durch diese Bewertung wiederum entsteht dann beispielsweise der Glaube, ein bestimmtes Vorhaben nicht umsetzen zu können, was meist ein Gefühl der Ohnmacht in uns hervorruft. Diese Ohnmacht ist dann das eigentliche Gefühl hinter dem Gefühl, »total gestresst zu sein«. Und ohnmächtig zu sein ist letztendlich das, was sich unangenehm anfühlt. Die Ohnmacht ist das Gefühl, das wir gerne loswerden wollen.

Druck im Außen kann Stress als Reaktion verursachen.
Ob dieser Stress positiv oder negativ ist,
hängt von der eigenen Bewertung ab.
Hinter einer negativen Bewertung
stecken weitere, tiefer liegende
Gedanken und Gefühle.

Die Anschlussfragen könnten nun lauten:

Wer oder was in unserem Inneren bewertet den Druck als negativen Stress?
Gibt es da vielleicht irgendeine Instanz in uns, die uns sagt, was wir gut oder schlecht finden?

Die Antwort klingt zunächst relativ einfach. Wir sind es tatsächlich selbst, die diese Bewertung vornehmen, und zwar hauptsächlich durch unser Denken. Man kann den Vorgang des Denkens dabei auch als »inneren Monolog« beschreiben. Genauer betrachtet, ist es aber eher ein Dialog zwischen zwei oder mehreren Persönlichkeitsanteilen in uns. Diese unterhalten sich ähnlich wie wir in einer Gesprächsrunde, indem sie zuhören, sich ausreden lassen oder aber in Streit geraten können.

Man bezeichnet diesen Ansatz als »**Modell des Inneren Teams**«[6]. Diesem Modell liegen dabei die Erkenntnisse zur Persönlichkeitsstruktur des Schweizer Psychiaters und Begründers der analytischen Psychologie Carl Gustav Jung zugrunde, der den Begriff des »Stimmendialogs« geprägt hat. Der Dialog dieser inneren Anteile geschieht teils bewusst oder unbewusst. Die in unterschiedlichen Ausprägungen vorhandenen inneren Anteile sind tatsächlich übernommene Haltungen, Werte und Normen, wie sie im Verlauf unserer Biografie geprägt wurden durch reale Personen oder auch übernommene Konzepte oder Lehrsätze wie zum Beispiel »Du darfst nicht lügen«.

Das »Innere Team« kann man sich als eine Art individueller Truppe unterschiedlichster Persönlichkeitsanteile von sich vorstellen. Jeder Mensch trägt aufgrund der eigenen Biografie Anteile in sich, die uns von anderen Menschen unterscheiden. Dennoch lassen sich bestimmte Archetypen erkennen. Zur Veranschaulichung hier eine kleine Auswahl typischer innerer Anteile und möglicher Aussagen.

HÄUFIGE VERTRETER DES INNEREN TEAMS

→ Der kühle Kopf
→ »Bleib bei den Fakten und wäge die Vor- und Nachteile ab.«
→ Der Selbstzweifler
→ »Ist das nicht eine Nummer zu groß für dich?«
→ Der Vorsichtige
→ »Lass lieber alles so, wie es ist.«
→ Der Kommunikative

6 Friedemann Schulz von Thun, Miteinander reden, Band 3, Das »Innere Team« und situationsgerechte Kommunikation, Rowohlt Verlag, Hamburg 1998.

- → »Ich brauche erst einmal die Meinung eines anderen, um mir ein Bild machen zu können.«
- → Der Kreative
- → »Da eröffnet sich ja eine Unmenge an neuen Möglichkeiten für mich.«
- → Der Abenteurer
- → »Ich bin gespannt, was da wohl noch alles auf mich zukommt.«
- → Der Bequeme
- → »Ich will mich nicht schon wieder entscheiden müssen.«
- → Der Antreiber
- → »Stell dich nicht so an und mach einfach.«
- → Der Kritiker
- → »Andere können das viel besser als ich.«

Vielleicht kommt dir die eine oder andere Aussage bekannt vor, weil du einen der Vertreter in dir trägst, und möglicherweise warst du dir dieses Modells sogar bewusst. Aber ganz unabhängig vom Vorwissen geht es mir darum, dass du dich hinterfragst, welcher Vertreter bei dir eine besondere Rolle beim Thema Druck spielen könnte.

Um deinen Gedanken und Gefühlen zusätzlich zu den zuvor beschriebenen Vertretern auf die Sprünge zu helfen, ist diese Beispielsituation bestimmt hilfreich: Stell dir vor, deine beste Freundin ruft dich an und jammert, dass du viel zu selten mit ihr auf die Piste gehst und sie deshalb die Chance ihres Lebens verpasst, endlich ihren Traummann kennenzulernen. Denn allein auszugehen oder sich mit einer anderen Freundin zu verabreden, sei für sie keine Option. Du bist eben einfach die, mit der sie am meisten Spaß hat, wenn ihr euch gemeinsam die Nächte um die Ohren schlagt. Du hast ihr zwar zuvor schon mehrfach gesagt, dass du in den nächsten Wochen weniger Zeit für sie haben wirst, da du beruflich in ein ganz wichtiges Projekt involviert bist. Aber sie scheint diese Info überhört zu haben und versucht, dich vom Gegenteil zu überzeugen. Sie macht klar, dass sie wirklich enttäuscht von dir wäre, wenn du die paar Stunden Zeit nicht mit ihr verbringen wolltest.

Was würde dann passieren?

Kann es sein, dass du darüber nachdenkst, dich doch mit ihr zu treffen? Oder würdest du ihr ohne schlechtes Gewissen wiederholen, dass du bei deiner Aussage bleibst: Du hast im Augenblick leider keine Zeit für sie.

Es wäre gut möglich, dass sich in einer solchen Situation einer der diversen Vertreter bei dir zu Wort meldet. Denn kaum hat die Freundin ihr Klagelied gesungen, erklingt manchmal wie von Zauberhand ein kleines, leises Stimmchen, das anfängt, mit uns zu sprechen. Und was wir als Nachdenken oder Überdenken solcher Situationen kennen, ist der Anfang eines inneren Dialogs.

Wir beginnen also, mit uns selbst ins Gespräch zu kommen. Dabei hört man eine Stimme, die wir auch als eigene innere Stimme kennen. Wenn man aber anfängt, genau hinzuhören und auf Nuancen zu achten, könnte auffallen, dass es vielleicht doch nicht die eigene, sondern eine ganz andere Stimme ist.

Diese Stimme könnte dir in der beschriebenen Situation vielleicht Folgendes mitteilen:

»Hey du, also jetzt mal ernsthaft. Kannst du denn nicht für deine Freundin da sein, wenn sie dich braucht? Musst du immer nur an dich denken? Sei doch nicht so egoistisch und sei endlich mehr für andere da! Oder willst du dich etwa bei den anderen unbeliebt machen? Sei doch mal etwas weniger egoistisch!«

Erinnerst du dich an Situationen aus deinem eigenen Leben, die der Beispielsituation ähneln? Wähle eine aus, die dir direkt präsent ist, und beschreibe kurz, worum es ging.

....
....
....

Was hat deine innere Stimme damals zu dir gesagt? Versuche, den Wortlaut so präzise wie möglich zu formulieren.

....
....
....

Wie hat diese Stimme mit dir gesprochen? (Laut, leise, flehend, wütend etc.)

....
....
....

Könntest du diese Stimme einer dir bekannten Person zuordnen? Wenn ja, welcher?

....
....
....

Wenn sie unbekannt war: War sie eher männlich oder weiblich?

....
....
....

Welches Alter hat diese Stimme?

....

....

....

Konnte dich diese Stimme mit ihren Ratschlägen unterstützen?

(Ganz und gar nicht) 1 ☐ ☐ ☐ ☐ ☐ ☐ ☐ ☐ ☐ ☐ 10 (Absolut)

Was denkst du, woran lag das?

....

....

....

Versuche nun, der Stimme deines inneren Vertreters ein bildhaftes Wesen zuzuordnen. Der Einfachheit halber stell dir bitte vor, es ist ein Männlein, Weiblein oder eine Comicgestalt. Denk dir einfach irgendein Wesen aus, das zu der Stimme passen könnte, und erwecke es zum Leben.

Wie könnte das Wesen aussehen, das in Drucksituationen mit dir spricht?

Zeichne es bitte so detailliert wie möglich, es ist dein individueller innerer Anteil. Du kannst ihm auch einen Namen geben, ob Heinz oder Esmeralda ist vollkommen egal. Nutze hierfür gerne die zuvor erarbeitete Situation. Überlege dir, wie es spricht, wie es aussieht und sich bewegt, und zeichne einfach spontan los! Du brauchst hierfür kein Kunststudium absolviert zu haben. Es soll nur lediglich darum gehen, es für dich ganz persönlich so detailliert wie möglich zu visualisieren.

Jetzt hat dein inneres Wesen Gestalt angenommen, und ich werde mich – egal, wie du es von heute an nennst – im Folgenden wieder als dein »innerer Anteil« bezeichnen.

(Ganz und gar nicht) 1 ☐ ☐ ☐ ☐ ☐ ☐ ☐ ☐ ☐ ☐ 10 (Absolut)

Wie würdest du generell die Situationen beschreiben, in denen sich dein innerer Anteil bei dir meldet?

....

....

....

Wie wichtig stufst du selbst diese Situationen ein?

(Ganz und gar nicht) 1 ☐ ☐ ☐ ☐ ☐ ☐ ☐ ☐ ☐ 10 (Absolut)

Hattest du schon mal das Gefühl, dass dein innerer Anteil übertreibt?

(Ganz und gar nicht) 1 ☐ ☐ ☐ ☐ ☐ ☐ ☐ ☐ ☐ 10 (Absolut)

Wie hat sich das geäußert?

....

....

....

Was hätte dein innerer Anteil stattdessen tun können? Was hättest du dir von ihm gewünscht?

....

....

....

Gab es Drucksituationen, in denen du etwas ganz besonders toll hinbekommen hast? Wenn dir selbst keine einfallen, frage gerne Familie, Freunde oder Kollegen und beantworte die Fragen dann.

....

....

....

Hast du für deinen Umgang mit dem Druck vielleicht schon damals Rückmeldungen von den anderen erhalten? Welche waren das?

....

....

....

Was denkst du, was hast du in dieser Situation besonders gut gemacht?

....

....

....

Woran hast du dich orientiert? Was hat dir Zuversicht gegeben?

....

....

....

Hat dein innerer Anteil danach etwas dazu zu dir gesagt?

....

....

....

Wie ging es dir in dem Moment? Wie hat sich dein Erfolg daraufhin angefühlt?

....

....

....

Es gibt einen inneren Anteil, der besonders stark mit innerem Druck in Zusammenhang gebracht werden kann: den inneren Antreiber. Wie sein Name schon sagt, will er antreiben bzw. zu etwas motivieren. Ähnlich dem inneren Kritiker kann man ihn eher zu den pessimistischeren

Genossen zählen. Im Grunde genommen verfolgt er ein gutes Ziel. Er möchte dich anspornen, etwas Bestimmtes zu tun oder nicht zu tun. Jedoch hat er offenbar keinen Workshop auf Ibiza besucht, bei dem es um Gelassenheit oder Selbstliebe geht. Während der innere Kritiker dem Ziel eher skeptisch gegenüber steht oder schlecht über ein Ergebnis urteilt, steht der innere Antreiber gleichsam unter Dauerstrom. In Kombination mit dem inneren Kritiker bilden die beiden gerne auch mal ein ganz besonderes »Dreamteam« als Druckverstärker. Den beiden kann es dann sogar gelingen, die anderen Anteile im inneren Dialog zu übertönen.

Der hier folgende Test bietet die Gelegenheit herauszufinden, ob der innere Antreiber in deinem Leben in Bezug auf Druck eine wichtige Rolle spielt. Und ob dein zuvor gezeichnetes Wesen nicht vielleicht sogar genau dieser ist. Hierzu kannst du dich im folgenden Test selbst einschätzen.

TEST ZUR SELBSTEINSCHÄTZUNG[7]

1 = trifft gar nicht auf mich zu; 5 = trifft völlig auf mich zu

1.	Wenn ich eine Arbeit mache, dann mache ich Sie gründlich.	1	2	3	4	5
2.	Ich fühle mich verantwortlich, dass diejenigen, die mit mir zu tun haben, sich wohlfühlen.	1	2	3	4	5
3.	Ich bin ständig auf Trab.	1	2	3	4	5
4.	Anderen gegenüber zeige ich meine Schwächen nicht gern.	1	2	3	4	5
5.	Wenn ich raste, roste ich.	1	2	3	4	5
6.	Ich verwende häufig Sätze wie: »Es ist schwierig, etwas so genau zu sagen.«	1	2	3	4	5
7.	Ich sage oft mehr, als eigentlich nötig ist.	1	2	3	4	5
8.	Ich habe Mühe, Leute zu akzeptieren, die nicht genau sind.	1	2	3	4	5
9.	Es fällt mir schwer, Gefühle zu zeigen.	1	2	3	4	5
10.	»Nur nicht locker lassen« ist meine Devise.	1	2	3	4	5
11.	Wenn ich eine Meinung äußere, begründe ich sie auch.	1	2	3	4	5
12.	Wenn ich einen Wunsch habe, erfülle ich ihn mir schnell.	1	2	3	4	5
13.	Ich liefere einen Bericht erst ab, wenn ich ihn mehrere Male überarbeitet habe.	1	2	3	4	5

[7]   S. Suhlrieh in Anlehnung an Schulz von Thun

14.	Leute, die »herumtrödeln«, regen mich auf.	1	2	3	4	5
15.	Es ist mir wichtig, von den anderen akzeptiert zu werden.	1	2	3	4	5
16.	Ich habe eine harte Schale, aber einen weichen Kern.	1	2	3	4	5
17.	Ich versuche oft herauszufinden, was andere von mir erwarten, um mich danach zu richten.	1	2	3	4	5
18.	Leute, die unbekümmert in den Tag hineinleben, kann ich nur schwer verstehen.	1	2	3	4	5
19.	Bei Diskussionen unterbreche ich die anderen oft.	1	2	3	4	5
20.	Ich löse meine Probleme selbst.	1	2	3	4	5
21.	Aufgaben erledige ich möglichst rasch.	1	2	3	4	5
22.	Im Umgang mit anderen bin ich auf Distanz bedacht.	1	2	3	4	5
23.	Ich sollte viele Aufgaben noch besser erledigen.	1	2	3	4	5
24.	Ich kümmere mich persönlich auch um nebensächliche Dinge.	1	2	3	4	5
25.	Erfolge fallen nicht vom Himmel, ich muss sie hart erarbeiten.	1	2	3	4	5
26.	Für dumme Fehler habe ich kein Verständnis.	1	2	3	4	5
27.	Ich schätze es, wenn andere auf meine Fragen rasch und bündig antworten.	1	2	3	4	5
28.	Es ist mir wichtig, von den anderen zu erfahren, ob ich meine Sache gut gemacht habe.	1	2	3	4	5
29.	Wenn ich eine Aufgabe einmal begonnen habe, führe ich sie auch zu Ende.	1	2	3	4	5

30.	Ich stelle meine Wünsche und Bedürfnisse zugunsten denen von anderen Personen zurück.	1 2 3 4 5

30.	Ich stelle meine Wünsche und Bedürfnisse zugunsten denen von anderen Personen zurück.	1	2	3	4	5
31.	Ich bin anderen gegenüber oft hart, um von ihnen nicht verletzt zu werden.	1	2	3	4	5
32.	Ich trommle oft ungeduldig mit den Fingern auf den Tisch.	1	2	3	4	5
33.	Beim Erklären von Sachverhalten verwende ich gerne eine klare Aufzählung.	1	2	3	4	5
34.	Ich glaube, dass die meisten Dinge nicht so einfach sind, wie viele meinen.	1	2	3	4	5
35.	Es ist mir unangenehm, andere Leute zu kritisieren.	1	2	3	4	5
36.	Bei Diskussionen nicke ich häufig mit dem Kopf.	1	2	3	4	5
37.	Ich strenge mich an, meine Ziele zu erreichen.	1	2	3	4	5
38.	Mein Gesichtsausdruck ist eher ernst.	1	2	3	4	5
39.	Ich bin nervös.	1	2	3	4	5
40.	So schnell kann mich nichts erschüttern.	1	2	3	4	5
41.	Meine Probleme gehen die anderen nichts an.	1	2	3	4	5
42.	Ich sage oft: »Macht mal vorwärts«.	1	2	3	4	5
43.	Ich sage oft: »genau«, »exakt«, »klar«, »logisch«.	1	2	3	4	5
44.	Ich sage oft: »Das verstehe ich nicht«.	1	2	3	4	5
45.	Ich sage eher »Können Sie es nicht einmal versuchen« als »Versuchen Sie es einmal«.	1	2	3	4	5
46.	Ich bin diplomatisch.	1	2	3	4	5
47.	Ich versuche, die an mich gestellten Erwartungen zu übertreffen.	1	2	3	4	5
48.	Ich mache oft zwei Sachen nebeneinander.	1	2	3	4	5
49.	Auf die Zähne beißen, heißt die Devise.	1	2	3	4	5
50.	Trotz enormer Anstrengung will mir vieles einfach nicht gelingen.	1	2	3	4	5

AUSWERTUNG

Übertrage die Zahlenwerte für jede Fragenummer in die folgende Tabelle. Zähle die Zahlenwerte für jeden Antreiber zusammen. Der Antreiber mit dem höchsten Zahlenwert ist dein Hauptantreiber.

ANTREIBER

Sei perfekt!

1 _____ 8 _____ 11 _____ 13 _____ 23 _____

24 _____ 33 _____ 38 _____ 43 _____ 47 _____

Summe: _____

Sei schnell!

3 _____ 12 _____ 14 _____ 19 _____ 21 _____
27 _____ 32 _____ 39 _____ 42 _____ 48 _____

Summe: _____

Streng dich an!

5 _____ 6 _____ 10 _____ 18 _____ 25 _____
29 _____ 34 _____ 37 _____ 44 _____ 50 _____

Summe: _____

Sei beliebt!

2 _____ 7 _____ 15 _____ 17 _____ 28 _____
30 _____ 35 _____ 36 _____ 45 _____ 46 _____

Summe: _____

Sei stark!

4 _____ 9 _____ 16 _____ 20 _____ 22 _____
26 _____ 31 _____ 40 _____ 41 _____ 49 _____

Summe: _____

Zur Veranschaulichung visualisiere die Summen in unterschiedlich lange Pfeile:

Sei perfekt!

Sei schnell!

Strng dich an!

Sei beliebt!

Sei stark!

Nachdem du deinen Hauptantreibersatz herausgefunden hast, geht der Blick nun in die Tiefe dieses Satzes. Man könnte auch sagen, dein innerer Antreiber hat bestimmte Regeln aufgestellt, die du dir vermutlich zu eigen gemacht hast. Diese Regeln können in Drucksituationen dazu führen, dass sie dich negativ beeinflussen, anstatt dich zu fördern. Genau das ist dann der Teil der inneren Bewertung, der dazu führt, dass du Druck als negativ empfindest. Die damit verbundene Regel führt letztlich dazu, dass du dich nicht gut fühlst und weitere Gefühle und Gedanken entstehen, die sich auch als negativer Gedankenkreislauf festsetzen können.

Es lohnt sich, diesen Ablauf noch einmal genauer anzuschauen, deshalb nenne ich hier noch einmal die »5 Regeln des inneren Antreibers« und erläutere sie dir anhand der Aufforderungen, die hinter den einzelnen Regeln verborgen sind.

DIE FÜNF REGELN DES INNEREN ANTREIBERS

1 – Sei perfekt!

»Du bist noch nicht gut genug. Du kannst immer etwas besser machen. Arbeite fehlerfrei, genau und gründlich.«

2 – Sei beliebt!

»Mach es allen recht und sag lieber Ja als Nein. Vermeide Konflikte, um akzeptiert zu werden. Deine eigenen Interessen sind nicht so wichtig.«

3 – Sei stark!

»Komm allein zurecht, beiß die Zähne zusammen und zeig keine Gefühle. Bewahre Haltung und lass keine Schwäche zu.«

4 – Streng dich an!

»Du musst es schaffen und Probleme überwinden. Mühe dich ab bis zum Letzten und arbeite dafür hart.«

5 – Sei schnell!

»Du musst vorwärtsmachen und dauernd beschäftigt sein. Mache mehrere Dinge gleichzeitig und verschwende keine Zeit.«

Wie geht es dir damit, wenn du liest, was hinter diesen Regeln steckt? Welche Gedanken oder Gefühle entstehen dabei in dir?

....

....

....

Bei »Sei schnell« könnte auch der Satz »Langsame Menschen sind einfach zu faul zum Arbeiten.« dahinterstecken. Fallen dir weitere, eigene vertraute Sätze zu den Regeln ein, die dort nicht stehen?

....

....

....

Wenn ja, hast du eine Ahnung, woher diese Sätze stammen könnten?

....

....

....

Sind dir diese Regeln und deren Inhalte in Drucksituationen oder danach schon einmal bewusst gewesen oder ist diese Erkenntnis neu für dich?

(Völliges Neuland) 1 ☐ ☐ ☐ ☐ ☐ ☐ ☐ ☐ ☐ ☐ 10 (Alter Hut)

Nachdem du herausgefunden hast, welche der Regeln am stärksten auf dich wirkt und welche Bedeutung dahintersteckt, bietet es sich an, diese Erkenntnis zu vertiefen. Formuliere hierzu bitte die am stärksten auf dich wirkende Regel und die für dich passende Erläuterung, die quasi wie eine Unterregel fungiert, in der Ich-Form.

Aus »Sei perfekt!« wird dann beispielsweise »Ich muss perfekt sein!«. Aus dem dazugehörigen Untersatz könntest du »Ich bin noch nicht gut genug« machen. Vielleicht verbindest du mit »Sei perfekt« aber auch eine ganz eigene Unterregel, die du bei meinen vorformulierten Regeln nicht findest. Das könnten zum Beispiel Sätze sein wie: »Ich muss immer hundertfünfzig Prozent geben.« Oder: »Nur wenn etwas wirklich perfekt ist, dann ist es wirklich wertvoll.«

Spüre in dich hinein, welche Aussage deine innere Regel am besten für dich beschreibt. Suche dir dann einen dieser Sätze für die folgende Übung aus. Du kannst auch gerne alle zu dir passenden Sätze nehmen und die Übung dann nacheinander mit allen Sätzen durchgehen.

Nimm dir bitte ein wenig Zeit, suche dir ein ruhiges Plätzchen und sprich den gewählten Satz einmal laut aus. Schließe dabei, wenn du magst, die Augen. Du kannst das gerne ein paar Mal wiederholen.

Wie fühlt es sich für dich an, diesen Satz auszusprechen?

....

....

....

Welche Gedanken löst dies in dir aus?

....

....

....

Welche Gefühle wollen sich gerade zeigen?

....

....

....

Wo sitzen diese Gefühle in deinem Körper?

....

....

....

Was bräuchte es, um diese Wahrnehmungen aufzulösen?

....

....

....

Nach dieser intensiven Wahrnehmungsübung bleibe gerne in dem aktuellen Zustand und arbeite mit den folgenden Fragen weiter. Diese Übung ist eine der elementarsten Übungen hier im Buch, und wenn es dir möglich ist, die aktuelle Stimmung noch etwa zu halten, nutze sie für die weiteren Übungen.

Es kann beispielsweise sein, dass du »Ich muss perfekt sein« gewählt hast. Vielleicht hast du beim Aussprechen dieses Satzes eine Enge im Hals gespürt. Vielleicht sind dir Tränen aufgestiegen, weil du schon so oft das Gefühl hattest, dass du dich eben einfach nicht perfekt gefühlt hast oder dafür verurteilt wurdest. Vielleicht fielen dir auch Situationen wieder ein, in denen jemand diesen Satz zu dir gesagt hat, die äußerst unangenehm für dich waren.

Bitte mach hier auch dann weiter im Text, wenn möglicherweise ungute Gedanken oder Gefühle hochkommen. Denn genau diese sind es, um die es geht. Machen wir uns daran, deinen gewählten Satz nun tief gehender zu beleuchten und zu hinterfragen.

Ist das wirklich wahr?[8]

....
....
....

Bist du dir absolut sicher, dass es wahr ist?

....
....
....

Wie reagierst du auf den Gedanken?

....
....
....

Durch welche Erfahrungen weißt du für dich, dass es wahr ist?

....
....
....

Wie würdest du dich und dein generelles Selbstbild beschreiben?

....
....
....

8   Moritz Boerner, Byron Katies The Work: Der einfache Weg zum befreiten Leben,
     Goldmann Verlag, München 1999.

Welche Gründe kannst du nennen, um an dieser Überzeugung festzu-
halten?

....

....

....

Wie oder wer wärst du ohne diese Überzeugung?

....

....

....

Was nimmst du wahr? Wie handelst du dabei?

....

....

....

Was würde passieren, wenn du weiterhin daran glaubst, dass es wahr
ist?

....

....

....

Was würde passieren, wenn du nicht mehr daran glaubst, dass es wahr
ist?

....

....

....

Was würde nicht passieren, wenn du weiterhin daran glaubst, dass es wahr ist?

....

....

....

Was würde nicht passieren, wenn du nicht mehr daran glaubst, dass es wahr ist?

....

....

....

Kannst du eine logische Umkehrung für deine Überzeugung finden?

....

....

....

Die Reaktion auf Druck von außen geschieht über Bewertungen, zumeist in Form von Regeln.
Diese Regeln nennt man auch Glaubenssätze.
Sie wirken oft unbewusst und verstärken den Druck im Inneren, wenn wir sie als negativ empfinden.

Nachdem du den inneren Antreiber und seine für dich geltenden Regeln erarbeitet hast, können wir diesen intensiven Teil mitsamt der neu gewonnenen Erkenntnis abschließen. So du diese Erkenntnis für dich annehmen kannst, werden wir uns im Weiteren an die Transformation der Glaubenssätze machen. Und was das genau ist, was sich da zeigt, ist vielen von uns entweder nicht bewusst oder unangenehm. Denn dabei geht es vornehmlich um Gefühle, die man gerne verdrängt oder moralisch ablehnt.

ZUM UMGANG MIT NEUEN ERKENNTNISSEN

Schon Goethe wusste: »Wer nicht neugierig ist, erfährt nichts.« In diesem Kapitel ging es um Erkenntnisse im Zusammenhang mit dem inneren Antreiber und seinen Regeln, die dazu führen können, dass du dich innerlich stark unter Druck setzt. Manchmal können hilfreiche Erkenntnisse erst einmal belastend wirken. Manche Menschen neigen dann im Erkenntnisprozess dazu, sich Vorwürfe zu machen: »Wieso bin ich da nicht schon früher draufgekommen?« Daran anschließen könnte sich auch die Frage: »Was weiß ich womöglich noch alles nicht über mich? Ich bin doch wirklich ein Idiot.« Jeder hat sicherlich schon einmal solche Sätze in bestimmten Situationen über sich gedacht. Wenn Gedanken wie diese beim Bearbeiten dieses Buchs auftauchen sollten, könnte es hilfreich für dich sein, nachsichtig mit dir selbst zu sein. Verurteile dich nicht dafür, dass du erst jetzt diese Erfahrungen oder Informationen erhältst. Sondern lobe dich stattdessen dafür, dass du nun zu diesen Erkenntnissen gelangt bist, und sei überzeugt, dass jeder seine individuellen Gründe dafür hat, warum erst jetzt die Zeit gekommen ist. Denn der, der da spricht und dich kritisiert, ist weiterhin dein innerer Antreiber. Solche Gedanken zeigen damit vor allem, dass er aktuell noch sehr aktiv ist. Hoffentlich hilft es dir schon jetzt, zu wissen, dass im weiteren Verlauf dieses Buchs genügend Tipps und Hilfestellungen vorhanden sind, um ihm langfristig »den Garaus zu machen«.

3.
AKZEPTANZ: NIMM AN, WAS SICH DIR ZEIGT!

Nach dem voranstehenden intensiven Blick auf deine Wahrnehmung von äußerem und innerem Druck werden wir uns in diesem Kapitel dem Thema Akzeptanz zuwenden: Wie können wir akzeptieren, was da ist? Manch einer könnte jetzt schon beginnen, mit den Augen zu rollen, oder einen tiefen Seufzer ablassen. Akzeptanz. Das ist doch dieses Schlagwort, das als Allheilmittel für alles angesehen wird und von dem keiner so richtig weiß, wie das genau gehen soll. Bei dem Wort Akzeptanz schwingt für uns auch Negatives mit im Sinne von: »Ich muss das so hinnehmen und gut finden, wie es ist?« Die Antwort lautet: nein.

Mit Akzeptanz steht es vielmehr ähnlich wie mit der achtsamen Wahrnehmung: Es dreht sich hier nicht um das willenlose Einverständnis. Es geht eher darum, etwas anzuerkennen, was man bislang nicht wahrhaben wollte. Man könnte auch sagen: Es geht um die Billigung der Existenz von Gedanken und Gefühlen. Wenn man etwas billigt, muss man es noch lange nicht gut finden. Man gesteht der Sache, also beispielsweise dem Gefühl, jedoch zu, dass es existieren darf.

Es ist gerade dieser Unterschied zwischen Annahme und Ablehnung, auf den ich dich aufmerksam machen möchte. Denn alles, was wir ablehnen oder nicht sehen oder haben wollen, wird sich ungewollt immer wieder zeigen. Reaktanz oder Inakzeptanz als Gegenhaltungen zur Akzeptanz erzeugen Widerstand. Und im Widerstand werden Gefühle und Gedanken häufig noch stärker, als sie es eigentlich sind oder waren. Ein regelrechter innerer Kampf kann in Gang kommen, bei dem man selbst meist der Loser ist und dessen Folgen sich seelisch und körperlich auswirken. Hinzu kommt der Fakt, dass erst, wenn wir etwas angenommen haben, wir es auch loslassen und verändern können. Im Unklaren mit sich selbst und seinen Gedanken und Gefühlen zu sein verursacht hingegen Gefühle, die einen überrollen, und nicht aufzuhaltende Grübelspiralen, die einen ratlos zurücklassen mit der Frage, wie es so weit kommen konnte.

Zur besseren Veranschaulichung, worum es bei dir thematisch ganz konkret geht, nimm bitte zur Hand, was du bislang erarbeitet hast. Hast du beispielsweise herausgefunden, dass Druck im Außen sich bei dir vor allem im familiären Bereich und in deiner Freizeitplanung zeigt und dass »Sei perfekt!« bzw. »Ich bin nicht gut genug« Glaubenssätze sind, die dich zusätzlich unter Druck setzen? Dann sind möglicherweise bereits bei der Bearbeitung Gefühle in dir aufgestiegen, die du kennst. Vielleicht war es Traurigkeit, aber es kann auch Wut gewesen sein oder Scham. Oder es kam der Gedanke in dir auf, dass du eben einfach nicht gut genug bist und dass du daran eh nichts ändern kannst. Zu viel hast du schon versucht. Dinge, die sich für dich sicherlich alles andere als gut anfühlen.

Wenn du dir jetzt vorstellst, dass du diese negativen Gefühle annehmen und würdigen sollst, was passiert dann in dir? Zeigst du mir jetzt den Mittelfinger oder gleich einen Vogel? Oder denkst du: »Was soll der Quatsch? Soll ich diesen ätzenden Gefühlen auch noch eine Plattform bieten und sie einladen, weiterhin über mich und mein Leben zu bestimmen? Mir reicht es schon, dass sie überhaupt da sind. Ich habe mir dieses Buch gekauft, um etwas zu verändern. Ich will das alles schließlich loswerden und nicht auch noch behalten! Soll ich mich etwa bewusst in eine Depression bringen? Das ist nicht Sinn der Sache!«

Falls dir solche oder ähnliche Gedanken in den Kopf gekommen sind, gebe ich dir recht. Vielmehr bitte ich dich – und werde dir auch beibringen –, dich trotz allen Unglaubens oder Widerstands vertrauensvoll auf den Prozess einzulassen. Ein weitverbreiteter Irrglaube bei negativen Gefühlen ist der, dass sie einen überrollen, runterziehen oder nicht mehr loslassen können, wenn man sie zulässt. Jeder von uns hat sicherlich schon ein oder mehrmals in seinem Leben Erfahrungen mit negativen und schmerzlichen Gefühlen gemacht. Gerade am Beispiel von Liebeskummer zeigt sich das. Denn er verschwindet meist nicht innerhalb von ein paar Stunden, sondern es braucht häufig mehrere

Tage, Wochen oder gar Monate. Bei manchen von uns hält er sogar viele Jahre an. Unabhängig davon hast du bestimmt aber auch schon erlebt, dass ein unliebsames Gefühl irgendwann wieder vergeht und nicht ewig kleben bleibt. Denn irgendwann schöpft man wieder neuen Mut und verliebt sich eventuell sogar neu. Eins aber hast du vielleicht ebenfalls festgestellt: Je länger man sich gegen das Gefühl wehrt, desto länger bleibt es.

An diesem Beispiel kann man ersehen, dass auch negative Gefühle häufig nur eine bestimmte Halbwertszeit haben. Jeder von uns hat eigene Strategien entwickelt, mit unangenehmen Gefühlen umzugehen, die sehr unterschiedlich sein können. Und den wenigsten ist wirklich bewusst, dass sie es selbst in der Hand haben, wie tief sie sich in ein schmerzliches Gefühl fallen lassen oder eben nicht. Es ist wie mit den Gedanken. Sie können kommen und gehen.

Was ich hier zeigen möchte, ist, dass Liebeskummer beispielsweise gesellschaftlich akzeptierter ist als Wut, Rache oder Hass. Wer diese Gefühle empfindet, dem fällt es meist schon schwerer, sie für sich anzunehmen oder sich überhaupt ehrlich einzugestehen. Wut, die sich nach außen zeigt, ist meist auch Enttäuschung. Rache wirkt oft sehr jähzornig, kann aber auch ein Zeichen von Hilflosigkeit sein. Und Hass, der sich auf andere richtet, hat seinen Ursprung in dem tief verzweifelten Gefühl von Ungerechtigkeit und fehlender Wertschätzung. Was all diese negativen Gefühle mit sich bringen, ist neben der gesellschaftlichen und eigenen Bewertung die Tatsache, dass sie unakzeptiert sind. Wer von uns hat in der Schule gelernt, seinen eigenen Hass zu entdecken oder Wut konstruktiv ausdrücken? Wer will auf der Arbeit zugeben, dass er sich schämt, weil er sich wie ein unsicheres Häufchen Elend fühlt vor einem wichtigen Termin? Oder wer will seiner Angebeteten auf die Nase binden, dass er sich von allen Ex-Freundinnen herumkommandieren ließ und dies zu immer wieder aufflammenden Rachefantasien geführt hat?

Was wir uns selbst gegenüber nicht eingestehen wollen, vertrauen wir natürlich erst recht keinem Gegenüber an. Und dieses Ignorieren führt dann letztlich dazu, dass wir den Zugang zu diesen Gefühlen verlernen. Wir können sie nicht mehr fühlen oder sehen, selbst wenn wir es mal für einen Augenblick wollen. Nicht verwunderlich also, dass sie sich ihren Weg selbst bahnen und sich uns in unpassenden Momenten zeigen. In den Momenten, in denen wir – aus welchem Grund auch immer – kurz die Kontrolle abgeben. Weil dies oft die einzige Möglichkeit für sie ist, um an die Oberfläche zu kommen. Der emotionale Deckel, den wir auf diesen Kochtopf gelegt haben, kann eben auch mal hochgehen, wenn es im Inneren zu sehr brodelt. Da wäre dann ein Schnellkochtopf mit Dampfdüse und Druckausgleich ein passendes Bild, der zeigt, was wir tun, um so einen Ausbruch zu vermeiden. Da unser Inneres jedoch kein Haushaltsgegenstand ist, müssen wir selbst für Ausgleich sorgen. Und der Anfang besteht darin, auch unliebsame Gefühle überhaupt wahrzunehmen –, denn dann erst können wir sie anerkennen, sie vielleicht akzeptieren. Oder ihnen sagen, dass sie zwar da sind, wir sie aber bitten, sich in eine andere Reihe zu setzen. Etwas weiter weg von uns.

Wie genau der Umgang und das Annehmen aussehen können, werde ich nun mit dir Schritt für Schritt erarbeiten. Nimm dir für die nun folgende Bearbeitung deinen Glaubenssatz vor, den du im vorangegangenen Kapitel zum inneren Antreiber erarbeitet hast.

Du hast den Satz bereits laut ausgesprochen und deine dazu gehörigen Gedanken und Gefühle erarbeitet? Findest du diese Gefühle in der nun folgenden Liste wieder?

Kannst du weitere Gefühle finden, die du zuvor nicht benannt hast, die deine Empfindungen und Gedanken beim Aussprechen dieses Satzes zusätzlich gut beschreiben würden?

Markiere sie bitte in der Übersicht für dich in der gleichen Farbe wie die, die du schon selbst herausgefunden hast.

GEFÜHLSÜBERSICHT VON A BIS Z

Aggressiv | Albern | Ängstlich | Argwöhnisch
Aufgedreht | Ausgelaugt | Aktiv | Angespannt | Apathisch
Arrogant | Ausgeglichen

Bedrückt | Befreit | Begeistert | Behütet | Belastet | Belustigt

Beschämt | Betroffen | Beunruhigt | Begierig | Bekümmert
Beleidigt | Berührt | Besorgt | Betrübt | Boshaft

Charmant

Dankbar | Desinteressiert | Dünnhäutig
Distanziert | Durcheinander

Eifersüchtig | Eingeengt | Einsam | Empathisch | Empfindlich
Energielos | Engagiert | Enthusiastisch | Entschlossen
Enttäuscht | Erheitert | Ernüchtert | Erschöpft | Erwartungsvoll
Extrovertiert | Empört | Energisch | Enthemmt | Entmutigt
Entspannt | Erfüllt | Erniedrigt | Erregt | Erwartungslos | Euphorisch

Feindselig | Faul | Frei | Freudig | Freundlich | Furchtlos
Freudlos | Frustriert | Fürsorglich

Gedrängt | Gehässig | Gelangweilt | Geliebt | Genervt | Gleichgültig
Geduldig | Gehemmt | Gelassen | Gemütlich | Gestresst

Hasserfüllt | Hektisch | Hoffnungslos | Hart
Heiter | Herzlich | Hoffnungsvoll

Inspiriert | Intellektuell | Introvertiert

Jähzornig

Kritisch | Kühl

Lebhaft | Leer | Leidenschaftlich | Liebevoll
Lieblos | Locker | Lustig

Misstrauisch | Motiviert | Mutig | Melancholisch
Mitfühlend | Müde

Nachdenklich | Naiv | Neidisch | Nett | Neugierig

Offen | Optimistisch

Passiv | Pessimistisch | Positiv

Rastlos

Schüchtern | Schwermütig | Selbstsicher | Sensibel
Siegessicher | Skeptisch | Sorglos | Stolz | Streitlustig

Träge | Traurig | Trotzig

Überfordert | Unentschlossen | Unnahbar | Unsicher
Unzufrieden | Ungeduldig | Unruhig | Unverstanden

Verärgert | Verbittert | Verkrampft | Verzweifelt | Vorwurfsvoll

Wehmütig | Wissbegierig

Zaghaft | Zärtlich | Zufrieden | Zynisch

Du hast jetzt festgestellt, dass du einige Gefühle benennen kannst, die aufgekommen sind. Wie würdest du diese Gefühle für dich bewerten?

....

....

....

Empfindest du sie als akzeptabel?

(Ganz und gar nicht) 1 ☐ ☐ ☐ ☐ ☐ ☐ ☐ ☐ ☐ ☐ 10 (Absolut)

Welche Gefühle würdest du dir stattdessen wünschen? Markiere sie bitte in einer anderen Farbe in der Übersicht.

Inwiefern wären diese Gefühle im Umgang mit deiner inneren Aussage stimmiger für dich?

....

....

....

In diesem Zusammenhang stellt sich die Frage: Was sind für dich generell unpassende oder unangenehme Gefühle? Welche darf es einfach nicht geben–, welche darfst du nicht ausleben?
  Markiere sie bitte in einer dritten Farbe.

Wie kommt es zu deiner Einstellung ihnen gegenüber? Hast du schlechte Erfahrungen mit ihnen gemacht?

....

....

....

Hast du selbst genau diese Gefühle schon einmal bei dir festgestellt?

....

....

....

In welchen Situationen hast du diese Gefühle feststellen können?

....

....

....

Wie nun erarbeitet, hast du möglicherweise eine Vorstellung davon, welche Gefühle für dich angemessen sind und welche in die tiefsten Tiefen der »inneren Hölle« verbannt gehören. Ob nun durch Sozialisation oder eigene Vorstellungen: Du scheinst Gefühle unterschiedlich zu bewerten, tief in dir. Wie zuvor beschrieben, geht es bei der Akzeptanz von Gefühlen nicht allein darum, etwas willenlos hinzunehmen. Wollen wir sie annehmen, geht es im Gegenteil darum, ihre Präsenz zu akzeptieren.

Das kann man üben, und im Folgenden erkläre ich dir eine recht einfache Übung, die dir hier helfen kann.

Wenn du beispielsweise festgestellt hast, dass sich bei dir in Drucksituationen das Gefühl der Ungeduld zeigt und du Ungeduld für dich ablehnst, da man ja nicht ungeduldig zu sein habe, da dies ein Zeichen von Schwäche und Respektlosigkeit sei (oder aus welchen für dich auch immer schlüssigen Gründen), mach dir genau dieses Gefühl und die dazugehörigen Gedanken bewusst.

Stell dir vor, du betrachtest dieses Gefühl als ein Wesen vor. Wie sieht dieses Wesen aus? Wie Hui Buh, das Schlossgespenst, eine böse Hexe oder vielleicht wie eine Marvelfigur? Überlege dir detailliert, wie Ungeduld für dich aussehen könnte. Du kannst dann auch gerne mit der Ungeduld ins Gespräch kommen. Du könntest sagen: »Hallo Ungeduld, ich muss schon sagen, du machst mir manchmal das Leben echt schwer. Wegen dir bin ich häufig mit anderen aneinandergeraten. War innerlich gereizt und unruhig. Ich verstehe nicht, was du von mir willst, warum du immer wieder ungefragt auftauchst. Um ehrlich zu sein, ich mag dich nicht.« Überlege dir, was du deinem ausgewählten Gefühl zu sagen hast.

Danach gehe über zu folgendem Satz: »Liebe Ungeduld, ich erkenne dich an. Ich sehe, dass du da bist und dass du ein Teil von mir bist. Du darfst existieren.«

Du kannst diesen Satz aufschreiben oder aussprechen, ganz wie es sich für dich besser anfühlt.

Was passiert in dir, wenn du den Satz aussprichst? Wie fühlt sich das für dich an?

....

....

....

Versuche, diese Übung in den nächsten Tagen auch mit anderen für dich negativen Emotionen durchzuführen. Wiederhole die Sätze häufiger, ob nun innerlich oder laut. Oder wenn dir Klebezettel zusagen, hänge dir diese Sätze irgendwo in deine Wohnung, wo du sie sehen kannst. Du kannst es dir auch mit Lippenstift auf den Spiegel schreiben oder als Reminder in dein Smartphone eintragen. Deiner Kreativität sind keine Grenzen gesetzt.

Welche Veränderung kannst du beobachten?

....

....

....

Was glaubst du, wie diese Veränderung entstanden ist?

....

....

....

Versuche in der nächsten Zeit, in Drucksituationen festzustellen, ob du die Gefühle, die hochkommen, bereits in der Situation zuordnen kannst anstatt erst danach. Durch die theoretische Vorarbeit bist du dir deiner Gefühle mit Sicherheit ein Stück weit bewusster geworden. Jetzt könntest du beispielsweise in dich hineinspüren, ob genau diese Gefühle auch aufkommen, wenn dein Partner dir signalisiert, dass du doch etwas mehr gegen deine Cellulite tun könntest, indem du endlich mehr Sport machst. Bemerkst du, dass Wut aufsteigt? Oder fühlst du dich unverstanden und ungerecht behandelt von ihm? Nimm wahr, was für ein Gefühl sich da zeigt. Registriere es und erkenne es an.

Zukünftige Fragen für dich können dann sein:

Wie fühlt sich das an, bereits in einer Drucksituation die eigenen Gefühle wahrnehmen zu können?

....

....

....

Wie ist die Situation jetzt für dich, wenn du auch unangenehme Gefühle akzeptieren kannst?

....

....

....

Hat sich dadurch etwas verändert?

....

....

....

Akzeptanz bedeutet, wie du nun weißt, nicht, alle Gefühle auch wirklich gut finden zu müssen. Die Annahme ihrer Existenz jedoch wird zu einem führen: innerer Freiheit. Nicht mehr fremdbestimmt zu sein durch Gefühle, die nicht da sein dürfen, sondern ihre Existenz anzunehmen und sich davon nicht beirren zu lassen, führt dazu, dass du selbstbestimmter mit den eigenen Gefühlen umgehen kannst. So wie wir Menschen nicht nur gut oder böse sind, sondern viele Facetten und Charaktereigenschaften haben, sind auch die Gefühlswelten vielfältig. Leider gibt es gesellschaftlich weiterhin sehr rigide Vorstellungen davon, was sein darf und was nicht. Sich auch von dieser äußeren Norm zu befreien, kann dir helfen, mehr zu dir selbst zu finden und einen besseren Zugang zu deinen Gedanken und Gefühlen zu erhalten.

Wir alle kennen die Folgen davon, dass viele von uns diesen Zugang verloren haben. Wir sehen es an der Zunahme psychischer und psychosomatischer Krankheiten. Die Nation hat nicht nur Rücken, sie hat auch Burn-out oder Depressionen. Viele Menschen prokrastinieren unzufrieden vor sich hin. Oder sie sind insofern unordentlich, als ihnen der Berg unerledigter Dinge über den Kopf wächst. Wieder andere haben sich eine Essstörung angeeignet, weil sie mit dem Druck von außen nicht mehr klarkommen und ihre Gefühle buchstäblich in sich hineinfressen oder wieder auskotzen müssen. Es gibt unzählige Folgen bzw. Reaktionen auf die unangenehmen, nicht akzeptierten Gefühle, die Druck auf uns ausüben.

Im Folgenden stelle ich einige ausgewählte Phänomene in einem kurzen Abriss zusammen. Zu jeder einzelnen Erscheinung gibt es unzählige Ratgeber, weshalb hier weder der Anspruch auf Vollständigkeit noch auf entsprechende Tiefe der Thematik erhoben wird. Es ist mir wichtig, dass du einen kurzen Überblick erhältst, der als Anregung dienen soll, falls du dich tief gehend damit beschäftigen möchtest.

DIE FOLGEN

TIEFSTAPELN

Selbstwertprobleme sind generell ein weitverbreitetes Phänomen, das bereits bei Kindern oder Teenagern festzustellen ist. Ob man nun von den eigenen Eltern, den Klassenkameraden oder sich selbst klein gehalten wird, ist dabei erst einmal unerheblich. Tiefstapeln wird von einigen sogar als Tugend angesehen. Sich selbst nicht in den Mittelpunkt zu stellen und dadurch nicht egoistisch zu wirken scheint für viele ein adäquates Mittel zu sein, um das Wachsen und Gedeihen von Persönlichkeitsanteilen, die einem selbst vielleicht unangenehm sind, zu unterbinden. Eine Mutter, die sich selbst nie eingestanden hat, dass sie für sich selbst einstehen und ihr Leben nach eigenen Vorstellungen leben darf, kann große Schwierigkeiten damit haben, wenn sie erlebt, dass ihr eigenes Kind selbstbewusst Nein sagt oder unangepasste Dinge macht, die sie sich selbst nicht erlaubt. Dabei geht es mir nicht um Schuldzuweisungen, sondern um die Beobachtung der Zusammenhänge. Ebenso kann man selbst die Erfahrung gemacht haben, dass man sich etwas vorgenommen hat und zuversichtlich war, zu einem guten Ergebnis zu gelangen. Womöglich ist es einem nicht gelungen, wofür man sich vielleicht schämt. Und als Konsequenz daraus, nimmt man sich vielleicht vor, beim nächsten Mal etwas weniger enthusiastisch zu sein und den Ball lieber etwas flacher zu halten, sich und die eigenen Fähigkeiten also besser niedriger einzustufen.

Die Gründe und die Folgen von Tiefstapeln können sehr unterschiedlich sein. Strotzte man als Kind vielleicht noch vor Selbstbewusstsein, verkauft man sich als Erwachsener aufgrund einer Vielzahl an negativen Erfahrungen vielleicht häufig unter Wert. Wurde man öfter gekündigt, glaubt man dann beispielsweise nicht mehr, dass man trotz Ausbildungen und Qualifikationen für eine bestimmte Position in einer Firma geeignet ist und bewirbt sich lieber für die Assistentenstelle als für die Führungsposition. Oder aber man glaubt, nicht attraktiv zu sein, und gibt sich mit Partnern ab, die einem genau dies widerspiegeln, indem sie einen nicht respektvoll behandeln, an einem herummäkeln und stets unterbewusst auf jemand Attraktiveres an ihrer Seite hoffen.

Tiefstapeln bedeutet ein Leben nicht im Rahmen der eigenen Möglichkeiten, weil man sich weniger wert erachtet, als man eigentlich ist. Die präsenten Gefühle können hierbei Mangelgefühle sein wie sich ungeliebt fühlen, unsicher und unzufrieden sein oder aber häufig Enttäuschungen zu spüren. Einige davon sind den Betroffenen bewusst. Und sie neigen dazu, diese Gefühle verdrängen zu wollen. Betroffene geben viel Geld für Seminare zur Steigerung des Selbstwertgefühls aus. Oder aber die eigenen Fotos in sozialen Medien werden derart optimiert, dass anderen die perfekte Version entgegenlächelt, die aber wenig mit dem Menschen zu tun hat, der man selbst ist.

Selbstoptimierung muss nicht generell etwas Schlechtes sein. Bei Menschen, die tief in ihrem Inneren keine Selbstliebe verspüren, kann es dazu führen, eine noch größere Spaltung zwischen dem authentischen Selbst und dem vermeintlich akzeptablen Selbst zu produzieren. Damit einher geht der Druck – ob nun von außen oder innen –, nach außen diesen geringen Selbstwert nicht zu zeigen. Oder der Druck, sich nach außen hin an ein vermeintliches Fremdbild anpassen zu müssen. Das kann Folgen haben.

PRAXISBEISPIEL

Evelyn war bei mir im Coaching, da sie sich nach einem »Scheiß-job« fragte, wie ihre berufliche Zukunft aussehen könnte. Eher zufällig war sie in die Fänge eines großen Onlinehandels geraten, habe dort zwar gute Arbeit geleistet, aber aufgrund der »Hire and Fire«-Mentalität, wisse sie – mal wieder – nicht recht, wie es für sie weitergehen könne. Sie habe Kunst studiert, was sie auch geliebt habe. Aber da dies ja »nichts Richtiges« sei und da sie auch ein starkes Sicherheitsbedürfnis habe, habe sie sich nach dem Studium einen halbwegs sicheren Job gesucht. Dass sie in solch einem Job bislang weder Erfüllung noch Perspektiven gefunden habe, mache ihr zu schaffen. Nachdem wir im Coachingprozess fast am Ende angelangt waren, überarbeiteten wir gemeinsam ihren Lebenslauf. An sich war er tadellos und eindrucksvoll. Er sprach aber für den Leser eine ganz andere Sprache. Man konnte ihm entnehmen, dass Evelyn selbst der Überzeugung war, dass nicht nur Kunst an sich nichts »Richtiges« sei, sondern eigentlich ihr ganzes bisheriges Berufsleben. Es ging daraus nicht deutlich hervor, was sie in ihrem Leben geschafft hatte. Auf meinen Vorschlag hin, künstlerische Tätigkeiten mehr hervorzuheben und auch den Lebenslauf an sich zu ihr passender zu gestalten, erklärte sie, dass sie sich bislang gesträubt habe, Zeit und Energie »in dieses Papier« zu investieren. Sie habe eine richtiggehende Abneigung entwickelt, sich präsentieren und verkaufen zu müssen. Wir hatten zuvor bereits ihren Glaubenssatz »Kunst ist nichts Richtiges« bearbeitet, der eigentlich bedeutete »Ich bin als Künstlerin nichts Richtiges« bzw. »Ich bin nicht in Ordnung, so wie ich bin«. Nun fiel auch ihr auf, dass diese alte innere Einstellung sich noch in ihrer Präsentation widerspiegelte. Dies zu erkennen und zu ändern, war ein weiterer wichtiger Schritt auf dem Weg zu mehr Authentizität und Selbstvertrauen.

KOPFKINO

Ein Phänomen, das bei vielen Menschen zu mehr als nur schlaflosen Nächten führt, ist die Grübelspirale, gerne auch Kopfkino oder Gedankenkarussell genannt. Neben Schlaflosigkeit führt dieses Phänomen möglicherweise zu Unzufriedenheit, Zögerlichkeit oder Rastlosigkeit. Dies kann sich dann auch wiederum körperlich ausdrücken. Ständige Übermüdung, Herzrasen, hoher Blutdruck, Nervosität und viele weitere körperliche Symptome führen leicht zu Erschöpfung, vielleicht sogar zum Burn-out oder zu einer Depression.

Was aber ist eine Grübelspirale? Das unaufhörliche Nachdenken hat eigentlich etwas mit unterdrückten Gefühlen zu tun. Deshalb lohnt es sich, zunächst die Spirale an sich näher zu betrachten.

Bei Menschen, die zu nicht enden wollenden Gedankengängen neigen, die sie nicht (gut) kontrollieren können, passiert meist Folgendes. Es gibt ein Thema, über das sie sich Gedanken machen. Nehmen wir an, jemand möchte sich selbstständig machen, nachdem er sein Leben lang Angestellte/r war. Diese Person verspürt seit Längerem den Drang in sich, einen neuen Lebensweg einzuschlagen. Je nach Typus holt sich dieser Mensch Informationen ein, die ihm dienlich sind, um wichtige Aspekte der Selbstständigkeit zu erfahren. Es gibt unzählige Fragen, die bei dieser Thematik auftauchen können. Während manche Menschen Informationen einholen, sich Listen erstellen oder sich von einem Existenzgründungsberater unterstützen lassen, passiert es Grüblern, alles in ihrem Kopf mit sich selbst ausmachen zu wollen. Man kann sich sinnbildhaft vorstellen, wie all diese Aufgaben ihnen wie in einer Dauerschleife im Kopf herumschwirren. Sie wollen alles Wichtige im Inneren ordnen und Antworten auf alle Fragen bekommen, bevor sie sie aussprechen oder aufschreiben und für Klärung sorgen. Was Grüblern zu schaffen macht, ist die Tatsache, dass sie vor Unstrukturiertheit die Kontrolle über das Gedankenkarussell verlieren oder verloren haben. Es dreht sich und dreht sich, und die Betroffenen wissen nicht, wie sie das Karussell stoppen können. Dabei könnten sie eigentlich auch mal auf der inneren Kirmes Achterbahn oder Autoscooter fahren.

Es gibt viele mögliche Ursachen für eine Grübelspirale. Zum einen ist da Unsicherheit. Wer Themen immer wieder abwägen oder durchdenken muss, ist sich nicht sicher, ob die Entscheidung, die er trifft, die richtige für ihn ist. Ob es dabei um ein inneres oder von außen gefordertes »Richtig oder Falsch« geht, spielt dabei keine Rolle. Denn wenn es sich dreht, dann dreht es sich.

Welches weitere Gefühl könnte hinter der Unsicherheit vor Entscheidungen stehen? Vertrauen könnte ein Thema sein. Wem nicht vertraut wird, der lernt auch oft nicht, sich selbst zu vertrauen. Wer anderen nicht vertrauen kann, stellt seine eigene Wahrnehmung infrage. Zweifel an der eigenen Wahrnehmung spielen dann eine große Rolle. Vor lauter Gedanken hilflos, versuchen Betroffene, alle Eventualitäten abzuwägen, damit sie auf jeden Fall zu einer Entscheidung gelangen, die »richtig« ist. Dabei fehlt allerdings oft der Bezug zum eigenen Gefühl für die Sache, und schon läuft das Gedankenkarussell.

DIE AUFSCHIEBERITIS

Die Prokrastination ist mittlerweile vielen von uns ein Begriff. Offenbar ist dieses Phänomen derart verbreitet, dass sich selbst dieses umständliche Fachwort im alltäglichen Sprachgebrauch durchgesetzt hat. Bei Prokrastination geht es um das Thema Aufschieben, weshalb es umgangssprachlich auch Aufschieberitis genannt wird. An sich könnte man meinen, es gäbe Schlimmeres als das. Die Betroffenen aber leiden. Etwas aufzuschieben bedeutet, etwas zu verlagern, nämlich meist zeitlich nach hinten. Eine Aufgabe nach hinten zu verschieben heißt demnach, dass sie zwar aus dem Blickfeld gerät, aber deshalb noch lange nicht erledigt ist, und das belastet und erzeugt Druck. Die Vertagung einer oftmals unangenehmen Aufgabe lässt sie auch in Zukunft nicht weniger unangenehm werden.

Es gibt viele Ausprägungen der Prokrastination. Neben dem Aufschieben von Dingen und dadurch proaktiven Auftürmen von Arbeitsbergen zählen ebenfalls Entscheidungsschwierigkeiten sowie banale Dinge wie das Zuspätkommen dazu. Interessanterweise gibt der dadurch verursachte eigene Stresslevel vielen Menschen einen »Kick«, den die meisten allerdings nicht zugeben würden. Es scheint, als würden die Betroffenen sich unbewusst das an manchen Stellen langweilige Leben selbst ein bisschen aufregender gestalten wollen. Der Adrenalinpegel, den man empfindet, wenn man weiß, dass man zu einem wichtigen Termin schon wieder zu spät kommt und sich extrem beeilen und dadurch an die eigenen Grenzen gelangt, kann verursachen, dass man sich – so paradox es klingen mag – enorm lebendig und befreit fühlt. Dann beweist man sich, dass man die Abgabe der Hausarbeit nach einer 24-Stunden-Schicht dann doch noch geschafft hat oder aber dass man zu einem Termin mit dem Fahrrad nur zehn Minuten statt ansonsten 30 Minuten gebraucht hat.

Was nach Selbstgeißelung klingt, ist häufig weder angenehm noch auf bewusster Ebene initiiert. Der Faktor des Unkontrollierbaren spielt auch hier wie bei den anderen Phänomenen eine wichtige Rolle. Es geschieht. Man nimmt es sich ja nicht bewusst vor. Man fühlt sich getrieben.

Welche Gefühle könnten bei Prokrastination eine Rolle spielen, die nicht gefühlt werden wollen? Möglich wären neben der Unsicherheit ähnlich wie in der Grübelspirale auch Unzulänglichkeit, Scham oder Überforderung. Ursachen für Prokrastination können die Angst vor dem Scheitern, vor Konfrontation, aber auch vor Erfolg oder unangenehmen Konsequenzen sein. Manche streben das Gefühl an, es nicht zu schaffen, um sich abzugrenzen, ohne zugeben zu müssen, dass einem ein Termin einfach nicht in den Tagesablauf passt und man ihn lieber eine halbe Stunde nach hinten verschieben würde.

Was so einfach klingt, so als ob man sich »nur« besser organisieren müsste, hat große Auswirkungen. Ähnlich dem Gedankenkarussell stehen auch hier Körper und Geist sprichwörtlich unter Strom, was wiederum zu fehlender Konzentrationsfähigkeit, Herz- und Kreislaufproblemen, Einschlafstörungen, Verspannungen und vielem mehr führen kann.

ALLES ANDERE ALS FEUER UND FLAMME

Das Phänomen des Burn-outs (übersetzt: Ausbrennen) ist hierzulande alles andere als unbekannt und scheint sich auch gesellschaftlich wie ein Flächenbrand zu verbreiten. Dies haben nicht nur die Betroffenen selbst festgestellt, sondern ebenso Krankenkassen, Arbeitgeber, Psychologen oder Coaches. Burn-out ist das, was man klassischerweise neben der Depression mit Distress in Zusammenhang bringt. Ein Burn-out ist der Vorbote der Depression, man könnte es auch die kleine Schwester nennen. Zumeist geht dem nicht nur ein einschneidendes Ereignis voraus, sondern ein Burn-out entwickelt sich sukzessiv, manchmal unbemerkt über viele Jahre. Am auffälligsten zeigt sich das im Berufsleben. Aber auch Menschen, die sich in einer Ehe alleingelassen oder überfordert fühlen oder schon länger keine Liebe mehr für das Gegenüber spüren, können dann nicht mehr »funktionieren« und lassen sich womöglich scheiden. Ob man sich dadurch von der Ursache oder nur vom Auslöser des Problems trennt, sei dahingestellt.

Mögliche Anzeichen eines Burn-outs können tiefe Erschöpfung, keine Möglichkeit »abzuschalten«, psychosomatische Beschwerden, das Gefühl mangelnder Anerkennung, »Dienst nach Vorschrift«, Distanziertheit, Zynismus oder Leistungseinbußen sein. Diese Anzeichen werden allerdings gerne lange Zeit übersehen oder abgetan. Durch das Ignorieren aber kann sich ein Burn-out entwickeln, gerade weil die »Alarmzeichen« – die unangenehmen Gefühle – weggedrückt wurden. Begleitende Gefühle können Überlastung, Unzulänglichkeit, Unsicherheit, Angst vor Isolation durch Abgrenzung und vieles mehr sein.

LIEBER LIEGEN BLEIBEN

Das Krankheitsbild der Depression beschreibt eindringlich, dass Körper und Geist dem Druck nicht mehr standhalten können oder wollen. Ob nun durch eine Situation ausgelöst – wie zum Beispiel einen Todesfall, eine Kündigung oder Trennung – oder als schleichender Prozess: Eine Depression ist das stärkste Anzeichen für die Überforderung eines Menschen. Sie hat sowohl biologische als auch psychologische Ursachen und darf wegen möglicher Suizidgefahr nicht auf die leichte Schulter genommen werden. Sie zeichnet sich oft durch ein hohes Maß an Hoffnungslosigkeit, Selbstvorwürfen und einem Gefühl der Machtlosigkeit aus. Sie ist aber auch eine Reaktion auf Druck und zeigt bei den Betroffenen vor allem eines an: die Kapitulation.

Eine Depression ist der Punkt, an dem nichts mehr geht. An dem die Grenze des Erträglichen überschritten wurde. Körper und Geist brauchen Ruhe, wollen sich zurückziehen und heilen. Leider geht damit häufig eine Perspektiv- oder Kraftlosigkeit einher, die es schwer macht, wieder neuen Mut und Hoffnung zu schöpfen. Ein Kreislauf ist in Gang gesetzt, der fast ausschließlich mithilfe von Profis durchbrochen werden kann.

Zum Glück können viele Betroffene berichten, dass eine Depression keine Endstation sein muss. Sie kann auch als Weckruf der Seele gesehen werden, dass es an der Zeit ist, etwas anders zu machen: auf sich selbst und die eigenen Gefühle zu achten. Sie nicht weiter zu ignorieren, wegzudrücken oder gar ausmerzen zu wollen. Mögliche unterdrückte Gefühle können bei einer Depression u.a. Verzweiflung, Ernüchterung, Frustration, Unentschlossenheit, Entscheidungsunfähigkeit, hohe Erwartungen und vieles mehr sein.

VERSPANNUNGEN

Die Psychosomatik spielt gerade in Bezug auf Druck eine große Rolle. Vor vielen Jahrzehnten noch von der Schulmedizin belächelt, ist heute glücklicherweise unstrittig, dass Körper und Geist eine elementare Einheit bilden. Nicht jedes körperliche Wehwehchen muss einen psychischen Ursprung haben. Aber viele psychische Symptome drücken sich körperlich aus. Man könnte auch sagen: Wenn die Seele nicht gehört wird, meldet sich der Körper zu Wort.

Ich will hier das Feld Psychosomatik gar nicht weiter vertiefen. Es begeben sich aber so unglaublich viele Menschen in die Behandlung von Orthopäden, Physiotherapeuten und anderen Körpertrainern, dass offensichtlich sein sollte: Dieser Faktor spielte eine große Rolle, wenn es um Achtsamkeit geht und darum, Druck anzunehmen. Wie aber kann man an der eigenen Befindlichkeit erkennen, was Sache ist, und wie geht man angemessen damit um? Reicht da ein »Hey Nacken, ich erkenne an, dass du wehtust« wirklich aus, um Linderung zu erfahren? Im Grunde wäre dieser Satz bereits ein guter Ansatz, wenngleich er vielleicht zunächst zum Schmunzeln verleitet. Die Formulierung »in den Schmerz zu atmen« ist nicht nur vom Yoga her bekannt. Auch andere Disziplinen machen sich diese Technik zunutze und setzen also dort an, wo es wehtut. Für die Betroffenen ist es wichtig, den Zusammenhang von körperlichen Symptomen und Gefühlen herzustellen. Nackenschmerzen haben nämlich eine andere Bedeutung als Bauch- oder Kopfschmerzen.

Wenden wir uns daher der Frage zu, wo genau ein Gefühl im Körper sitzt. Wie fühlt sich Wut an? Ist sie eine Enge in der Brust, rast das Herz oder wird die Kehle staubtrocken?

Die Erkenntnis und Wahrnehmung der Zusammenhänge ist das eine. Der körperliche Umgang damit der nächste Schritt. Beispielsweise ist Menschen, die ständig unter Strom stehen, nicht damit geholfen, auch noch fünfmal in der Woche laufen zu gehen. Hier wäre eher ein Ausgleich notwendig, weil man die Symptome sonst noch mehr verstärkt. Passende Entspannungsmethoden für »Chicks on Speed« müssen nicht zwangsläufig Meditationen sein. Denn darauf haben die Getriebenen so gar keine Lust, was sich am inneren Widerstand meist ganz schnell beobachten lässt. Stattdessen könnten Sportarten mit sanften Bewegungen wie Tai-Chi oder Feldenkrais besser passen. Oder auch Bogenschießen. Ein Thrill kann eben auch in der Ruhe liegen.

Wenn du solche Probleme von dir kennst, nimm bitte diese Beschwerden an, überlege, welche Ursachen dahinterstecken. Denn wer erkennt, was er selbst und sein verspannter Nacken brauchen, kann sich auf die Suche nach einer passenden Methode zur Besserung begeben. Aber Achtung: Bring dich nicht selbst damit in Druck.

ÜBERFORDERUNG

Nach diesem kurzen Überblick über mögliche Folgen von unterdrückten (Da steckt es wieder, das Wort »Druck«) Gefühlen auf Körper und Geist lassen sich diese Phänomene noch auf einer anderen Ebene und mit einem Wort zusammenfassen: Überforderung. Distress als Hauptgefühl ist das Resultat, denn nun ist man nicht mehr Herr der Dinge, wenn alles einfach zu viel ist und der Druck zu groß ist und belastet.

Überforderung ist vor allem in der Arbeitswelt ein inzwischen in fast allen Branchen und Berufen verbreitetes Phänomen. Betroffene haben dann kurzzeitig oder gar dauerhaft das Gefühl, den Anforderungen und der Arbeitslast nicht mehr gewachsen zu sein. Prompt stellen sich eine noch größere seelische und körperliche Belastung ein und die bereits beschriebenen Symptome.

Auffällig bei Überforderung ist, dass die Anzeichen übersehen werden: Gefühle werden weggedrückt, aus der Angst heraus, ja keine Schwäche zu zeigen. Eine Führungsperson wird sich vermutlich schwertun zuzugeben, dass sie überfordert ist. Aber wir alle sind davor nicht gefeit, dass wir uns gegenüber Kollegen oder Partnern und Familienangehörigen oder Freunden keine Blöße geben möchten. Hier spielt auch ein großes Schuldgefühl eine Rolle und die Überzeugung, die man vor sich herträgt, dass es bestimmt bald (am besten von selbst) besser wird. Die Hoffnung stirb zuletzt, heißt es ja bekanntlich.

Um dich selbst dahingehend zu überprüfen, bieten sich folgende Fragen an:

Fühlst du dich häufig schlaff, erschöpft, müde, frustriert und hast keine Lust, etwas zu unternehmen?

(Ganz und gar nicht) 1 ☐ ☐ ☐ ☐ ☐ ☐ ☐ ☐ ☐ ☐ 10 (Absolut)

Bist du häufig krank und fühlst dich nicht in der Lage, zur Arbeit zu gehen oder andere Dinge des Alltags zu erledigen?

(Ganz und gar nicht) 1 ☐ ☐ ☐ ☐ ☐ ☐ ☐ ☐ ☐ ☐ 10 (Absolut)

Du weißt nicht, wie du dir selbst helfen kannst, und sprichst auch nur ungern darüber?

(Ganz und gar nicht) 1 ☐ ☐ ☐ ☐ ☐ ☐ ☐ ☐ ☐ ☐ 10 (Absolut)

Musst du dich aufraffen und überwinden, um zur Arbeit zu gehen oder mit Familie/Partner/Freunden etwas zu unternehmen?

(Ganz und gar nicht) 1 ☐ ☐ ☐ ☐ ☐ ☐ ☐ ☐ ☐ ☐ 10 (Absolut)

Fehler am Arbeitsplatz häufen sich, obwohl du dich stets bemühst, sie zu vermeiden?

(Ganz und gar nicht) 1 ☐ ☐ ☐ ☐ ☐ ☐ ☐ ☐ ☐ ☐ 10 (Absolut)

Du leidest auch im Privatleben zunehmend unter der beruflichen Situation?

(Ganz und gar nicht) 1 ☐ ☐ ☐ ☐ ☐ ☐ ☐ ☐ ☐ 10 (Absolut)

Du hast Angst vor neuen Aufgaben und scheust Herausforderungen?

(Ganz und gar nicht) 1 ☐ ☐ ☐ ☐ ☐ ☐ ☐ ☐ ☐ 10 (Absolut)

Als wie stark würdest du zusammengefasst selbst dein Gefühl von Überforderung beschreiben?

(Kaum spürbar) 1 ☐ ☐ ☐ ☐ ☐ ☐ ☐ ☐ ☐ 10 (Total intensiv)

Wie würden Familie/Partner/Freunde das sehen?

(Vollkommen anders als ich) 1

☐ ☐ ☐ ☐ ☐ ☐ ☐ ☐ ☐

10 (So wie ich)

Du hast dich jetzt diesen Fragen gestellt und damit einen wichtigen Schritt getan, denn nur durch Akzeptanz gehst du voran auf dem Weg zur Veränderung und lernst das Loslassen bzw. Rauslassen der (unangenehmen) Gefühle.

4.
LOSLASSEN: LASS DIE GEFÜHLE RAUS!

Druck kann verschiedenartige Gefühle verursachen, die sich sowohl in psychischen als auch körperlichen Reaktionen äußern können. Unangenehme Gefühle wie Traurigkeit, Wut oder Enttäuschung werden leider häufig unterdrückt. Sie zuzulassen bzw. anzuerkennen war Thema des voranstehenden Kapitels. Doch wie geht es nun weiter? Was passiert mit den unangenehmen Gefühlen, wenn man sie anerkannt hat? Verschwinden sie dann einfach von selbst? Das wäre natürlich schön. Aber ganz so einfach funktioniert es leider nicht.

ÄNGSTE UND WUT

Warum das so ist, zeige ich dir am Beispiel der Wut, eine sehr energiegeladenen Emotion, die sich meist durch Aggressionen nach außen bemerkbar macht. Das zerstörerische Potenzial von Wut ist uns allen bekannt und kann auch Angst machen. Wut einfach ungefiltert herauszuschreien, Gegenstände zu zerstören oder andere Menschen zu beschimpfen, ist das, wofür man sich nachher schämt und eventuell sogar mit (rechtlichen) Konsequenzen zu rechnen hat. Doch wie kann es gelingen, auf eine konstruktive Art und Weise Dampf abzulassen?

Nimmt man eine der bekanntesten Assoziationen zum Thema Druck, dann ist es das Bild eines Dampfkessels mit Überdruck, der kurz vor dem Explodieren steht. Der Druck im Inneren des Kessels steigt und steigt, und wenn man nicht rechtzeitig den Deckel abnimmt und den Dampf ablässt, könnte er explodieren. Viele Menschen, die unter Druck stehen, fühlen sich in manchen Situationen wie dieser Dampfkessel. Es können natürlich unzählige unterschiedliche Gefühle diesen Druck verursachen. Das am weitesten verbreitete Gefühl ist jedoch die Wut.

Wut ist eine der Basisemotionen des Menschen.[9] Beispiele für weitere Basisemotionen sind Freude, Überraschung, Traurigkeit, Angst oder Ekel. Oft werden auch Liebe oder Hass dazugezählt. Man geht außerdem davon aus, dass diese Basisemotionen eine Grundlage für weitere Gefühle darstellen und sich nicht auf grundlegendere Gefühle reduzieren lassen. Wut wäre dann beispielsweise die Basis für Rachegefühle, Groll oder Aggressionen.

Wut kann sich auf Menschen, Objekte oder bestimmte Situationen beziehen und entsteht, wenn etwas oder jemand die Vorstellung davon gefährdet, wie wir uns selbst sehen. Einfacher formuliert: wenn unsere Grenzen überschritten werden. Die Emotion der Wut löst in uns dabei den Wunsch aus, uns zur Wehr zu setzen. Wut kann im Businesskontext zwar auch als Stärke oder Durchsetzungskraft interpretiert werden. Interessanterweise äußern Männer ihre Wut häufiger eindringlicher und intensiver, als Frauen dies tun. Auch wenn die Gleichberechtigung in unserer Gesellschaft auf dem Vormarsch ist, sind wir Frauen meist so sozialisiert, dass wir uns lieb, nett und verständnisvoll zeigen sollen. Aggressivität ist bei Männern auch heute noch gesellschaftlich akzeptierter als bei Frauen. Während wütende Männer als durchsetzungsfähige Hengste gelobt werden, sind Frauen, die ihre Wut ausdrücken, als stutenbissig oder zickig verschrien.

Ein bedeutsamer Unterschied zwischen den Geschlechtern findet sich allein in der Ausrichtung von Wut: Männer zeigen Sie sowohl körperlich als auch verbal, die Außenwelt darf ihr Gefühl gerne wahrnehmen. Da fallen nicht nur harte Worte, manch einer plustert sich auf wie ein stolzer Pfau. Drohgebärden aus dem Tierreich zeigen hierbei, wie archaisch sich Wut ihren Weg bahnen kann.

9   Paul Ekman, Psychologe

Frauen hingegen fällt es oft schwerer, ihre Wut zu zeigen. Sie kanalisieren sie daher häufig nach innen und richten sie gegen sich selbst. Dies kann sich in autoaggressivem Verhalten, angestauter Wut oder passivaggressivem Verhalten äußern. Insbesondere die passive Aggressivität ist dann Mittel der Wahl. Wir Frauen sind wahre Meister darin. Aber auch Männern ist dieses Verhalten nicht unbekannt. Gerade in partnerschaftlichen Beziehungen, in denen Unzufriedenheit herrscht, sind es häufiger die Männer, die Ghosting[10] oder Gaslighting[11] betreiben und hierdurch unbewusst signalisieren, dass ihre eigenen Grenzen überschritten wurden und sie sich nicht in der Lage sehen, direkt zu sagen, was sie wütend gemacht hat oder warum sie die Beziehung beenden möchten. Auch Männer sind ja bekanntlich nicht vor Druck gefeit.

Wie genau hängen Druck und Wut zusammen?

Ein unzufriedener Mitarbeiter, ein zu anspruchsvoller Chef – du erinnerst dich an das Eingangsbeispiel. Anhand dieses Beispiels haben wir ja schon einige wütende Gedanken des Mitarbeiters kennengelernt. Idealerweise würde der Mitarbeiter das Gespräch mit seinem Chef suchen und ihm ruhig mitteilen, was er für möglich hält und was nicht. Auf dieser Basis könnten die beiden verhandeln und zu einem für beide Seiten befriedigenden Ergebnis gelangen. Der Mitarbeiter müsste also seine Wut wahrnehmen, anerkennen und dann nach außen konstruktiv an sein Gegenüber aus der Chefetage herantragen. Da jedoch das alleinige Aussprechen dieser wütenden Gedanken für das Gespräch äußerst kontraproduktiv wäre, müsste er sie zuvor filtern: Ähnlich wie bei

---

10 Bei Ghosting löst sich der Mensch für den anderen buchstäblich in Luft auf. Er scheint wie ein Geist zu verschwinden und ist nicht mehr erreichbar, was häufig durch Ignorieren und Blockieren auf allen Kanälen passiert.
11 Gaslighting als emotionaler Missbrauch hat das Ziel, das Gegenüber durch Manipulation zu desorientieren und somit langfristig zu destabilisieren.

einem Auspuff am Auto sollte die Wut nämlich nicht ungefiltert in die Umwelt geblasen werden, da sie ansonsten Schäden bei einem selbst oder anderen verursachen könnte. Wer wütend ist, bräuchte also eine Art Wutkatalysator.

PASSIVAGGRESSIVES VERHALTEN

Der Mitarbeiter könnte aber auch passivaggressiv reagieren. Dann sind der Kreativität im Umgang mit dem unterdrückten Wutverhalten kaum Grenzen gesetzt. Er könnte beispielsweise absichtlich langsam oder schlecht arbeiten. Das Engagement auf dem niedrigsten Level zu halten, kann hilfsbereite Kollegen zum Einspringen motivieren. Den Chef hinterrücks zu attackieren, in dem man schlecht über ihn spricht und die anderen Kollegen dazu anstachelt, auch weniger Leistung zu geben, wäre ebenso möglich wie die Planung eines Rachefeldzugs. Dinge zu vergessen und so zu tun, als sei dies keine Absicht, ist ein weiteres Mittel, um ohne direkte Konfrontation die unterdrückte Wut rauszulassen. Ebenso wirksam wäre eine in Gang gesetzte Self-Fulfilling-Prophecy, bei der man sich selbst durch Vorwürfe und Selbstzweifel runtermacht und am Ende dann wie von Zauberhand die Kündigung erhält. Wie zu erkennen sind dies alles Mittel und Wege, um Wut indirekt auszudrücken und den direkten Weg zu vermeiden.

Neben den beschriebenen Verhaltensweisen gibt es auch markante passivaggressive Sätze, die in Drucksituationen häufig ausgesprochen werden. Erkennst du dich selbst oder andere wieder?

»NEIN, ES IST NICHTS.«

(Ganz und gar nicht) 1 ☐ ☐ ☐ ☐ ☐ ☐ ☐ ☐ ☐ ☐ 10 (Absolut)

Dieser Satz ist ein Beziehungsklassiker und folgt häufig auf die Frage: »Was ist denn los? Hast du was?« Auch wenn nicht offen ausgesprochen wird, dass da doch etwas ist, spürt der Gesprächspartner dennoch, dass nicht alles in Ordnung ist. Mit diesem Satz lässt man das Gegenüber quasi im Regen stehen und grübelnd zurück.

»DAS WAR DOCH GAR NICHT SO GEMEINT.«

(Ganz und gar nicht) 1 ☐ ☐ ☐ ☐ ☐ ☐ ☐ ☐ ☐ ☐ 10 (Absolut)

Mit diesem Satz glauben viele, sich galant aus der Affäre zu ziehen und das Gegenüber manipulieren zu können. Doch egal, ob Kritik mit Ironie verpackt wurde, weil es vermeintlich auch keine Konsequenzen geben kann, versucht man auf diese Weise, sich den Folgen des eigenen Handelns zu entziehen.

»IST JA JETZT AUCH EGAL/ NICHT SO WICHTIG/WURSCHT...«

(Ganz und gar nicht) 1 ☐ ☐ ☐ ☐ ☐ ☐ ☐ ☐ ☐ ☐ 10 (Absolut)

Diese Aussage bedeutet eigentlich, dass es (was auch immer) nicht egal ist, aber dies auch gar nicht zum Ausdruck gebracht werden soll.

FÜR DEINE VERHÄLTNISSE IST DAS WIRKLICH GUT GEWORDEN.«

(Ganz und gar nicht) 1 ☐ ☐ ☐ ☐ ☐ ☐ ☐ ☐ ☐ ☐ 10 (Absolut)

Dieses Kompliment ist eine Frechheit, verpackt in einen beiläufigen Kommentar. Leider ist es ein sehr beliebter Satz, um versteckte Kritik oder Wut zu äußern. Im Grunde könnte der Satz auch heißen: »Das ist absoluter Bullshit. Aber sei's drum. Mehr kann man ja von dir auch gar nicht erwarten.«

»GUT, DANN MACHEN WIR ES SO, WIE DU SAGST.«

(Ganz und gar nicht) 1 ☐ ☐ ☐ ☐ ☐ ☐ ☐ ☐ ☐ ☐ 10 (Absolut)

Auch wenn dieser Satz auf den ersten Blick ein Einlenken andeutet, steckt darin das genaue Gegenteil: Letztendlich wartet man nur darauf, dass etwas nicht funktioniert, um dann sagen zu können: »Ich hab dir doch gesagt, dass das nicht klappen kann.«

»ICH KANN MICH AUCH DARUM KÜMMERN ...«

(Ganz und gar nicht) 1 ☐ ☐ ☐ ☐ ☐ ☐ ☐ ☐ ☐ ☐ 10 (Absolut)

Ein Satz, der gerne dann fällt, wenn sich jemand anders bereits an die Arbeit gemacht hat. Das Vortäuschen von Bereitschaft wirkt in solchen Momenten eher wie ein Seitenhieb und weniger als ehrlich gemeintes Hilfsangebot.

»DU VERSTEHST DAS EINFACH NICHT.«

(Ganz und gar nicht) 1 ☐ ☐ ☐ ☐ ☐ ☐ ☐ ☐ ☐ ☐ 10 (Absolut)

Dieser einfache Satz überträgt mehr oder weniger elegant die Schuld auf das Gegenüber. Gleichzeitig stellt es dessen Intelligenz infrage, eigentlich ist der Gesprächspartner abgekoppelt aus dem Rennen. Denn eigentlich zeigt diese Aussage auf, dass man sich nicht nur nicht verstanden fühlt, sondern der andere auch nicht dazu in der Lage ist.

AUTOAGGRESSIVES VERHALTEN

Neben dem passivaggressiven gibt es auch das autoagressive Verhalten. Wie der Name schon sagt, geht es hierbei um Selbst-Aggressionen, die sich, wie das Wort verrät, gegen einen selbst richten. Diese Form der Aggression ist bei Frauen stärker verbreitet als bei Männern. Sie muss sich nicht immer zwangsläufig in körperlichen Ausprägungen wie Nägel kauen, Haare raufen oder wie beim Borderline-Syndrom durch Ritzen der Haut etc. ausdrücken. Selbstschädigendes Verhalten hat eine ganze Bandbreite an Facetten. Viele Süchte wie Rauchen, Trinken oder Essstörungen stehen sinnbildhaft für die Nichtannahme des Selbst. Betroffene versuchen dann auf andere Weise, diese Gefühle auszudrücken. Sie sind im Unfrieden mit sich, es ist also eine Art innerer Kampf, der der

Selbstbestrafung dient. Die Wut, die nicht nach außen abgegeben werden kann, kanalisiert sich ins Innere und erzeugt dort – neben Selbsthass oder Selbstzweifeln – vor allem Unzufriedenheit, Hilflosigkeit oder Verbitterung.

Auf das Beispiel des Mitarbeiters aus dem Anfangskapitel bezogen, der mehr Umsatz in weniger Zeit erreichen sollte, könnte dies bedeuten, dass er vermehrt privat im Internet surft und dadurch seine Arbeit vernachlässigt. Dies wiederum könnte dann irgendwann bemerkt werden und neben anderen Faktoren vielleicht sogar zu einer Kündigung führen. Auch könnte der Mitarbeiter, um die Wut und Sorgen auf der Arbeit runterzuspülen, abends tiefer ins Glas schauen, verkatert auf der Arbeit erscheinen und keinen guten Job erledigen. Oder aber er ließe sich krankschreiben oder erschiene nicht zur Arbeit. Doch all dies sind Verhaltensweisen, die nur eines garantiert nicht bewirken: eine Veränderung zu seinem Vorteil.

Begibst du dich häufig in Situationen, die Gefühle wie Enttäuschung oder Frust bei dir erzeugen, obwohl du auch andere Optionen hättest?

(Ganz und gar nicht) 1 ☐ ☐ ☐ ☐ ☐ ☐ ☐ ☐ ☐ 10 (Absolut)

Lässt du dir nur widerwillig von anderen helfen oder lehnst das sogar komplett ab?

(Ganz und gar nicht) 1 ☐ ☐ ☐ ☐ ☐ ☐ ☐ ☐ ☐ 10 (Absolut)

Erzeugen positive Ereignisse oder Ergebnisse bei dir ein unangenehmes Gefühl? Fühlst du dich danach vielleicht sogar richtiggehend schlecht oder schuldig?

(Ganz und gar nicht) 1 ☐ ☐ ☐ ☐ ☐ ☐ ☐ ☐ ☐ 10 (Absolut)

Provozierst du abwertende Reaktionen (wie Zorn, Neid oder Missgunst) bei anderen und verstehst dann die Welt nicht mehr?

(Ganz und gar nicht) 1 ☐ ☐ ☐ ☐ ☐ ☐ ☐ ☐ ☐ 10 (Absolut)

Bist du streng zu dir selbst und gestehst dir nur selten Spaß oder Vergnügen zu?

(Ganz und gar nicht) 1 ☐ ☐ ☐ ☐ ☐ ☐ ☐ ☐ ☐ 10 (Absolut)

Kannst du dir selbst nur widerwillig eingestehen, dass du etwas gut gemacht hast?

(Ganz und gar nicht) 1 ☐ ☐ ☐ ☐ ☐ ☐ ☐ ☐ ☐ 10 (Absolut)

Empfindest du Lob und Anerkennung von außen als Heuchelei und kannst das nicht annehmen?

(Ganz und gar nicht) 1 ☐ ☐ ☐ ☐ ☐ ☐ ☐ ☐ ☐ 10 (Absolut)

Versagst du in Bereichen, in denen du eigentlich gute Ergebnisse abliefern könntest?

(Ganz und gar nicht) 1 ☐ ☐ ☐ ☐ ☐ ☐ ☐ ☐ ☐ 10 (Absolut)

Lehnst du wohlwollende, freundliche Menschen ab, weil du sie nervtötend findest oder sie bei dir »Arschkriecher« nennst?

(Ganz und gar nicht) 1 ☐ ☐ ☐ ☐ ☐ ☐ ☐ ☐ ☐ 10 (Absolut)

Opferst du dich gerne übermäßig für andere Menschen auf, obwohl sie das nicht von dir erwarten?

(Ganz und gar nicht) 1 ☐ ☐ ☐ ☐ ☐ ☐ ☐ ☐ ☐ ☐ 10 (Absolut)

ANGESTAUTE WUT

Bei dieser Art Wut steht sinnbildlich der Dampfkessel immer kurz vorm Explodieren, weil sich – wie der Begriff besagt – innerlich etwas angestaut hat. Ob nun über ein paar Minuten oder vielleicht auch mehrere Jahre hinweg, das bleibt sich gleich: Angestaute Wut steht in engem Zusammenhang mit einem hohem Druckpegel. Man ist innerlich oder körperlich am Limit. Die Wut hat ihren Höhepunkt erreicht. Der Stresslevel ist hoch. In diesem Zustand ist es vielen von uns nur noch schwer möglich, die Wut unter Kontrolle zu halten. Angestaute Wut will sich bahnbrechen und ist dabei oft extrem zerstörerisch. Zudem wirkt sie unberechenbar, denn die Schwelle zur ausgelebten Aggression ist individuell verschieben. Wer so förmlich explodiert, bleibt im Nachhinein oft selbst fassungslos zurück. Und dann ist da ja noch das Gegenüber. Sicher stellt sich bald das Gefühl ein, verbrannte Erde hinterlassen zu haben.

Wie sieht es bei dir aus mit angestauter Wut?

Fühlst du dich häufig blockiert, freudlos oder niedergeschlagen?

(Ganz und gar nicht) 1 ☐ ☐ ☐ ☐ ☐ ☐ ☐ ☐ ☐ ☐ 10 (Absolut)

Spürst du selten oder nie Wut?

(Ganz und gar nicht) 1 ☐ ☐ ☐ ☐ ☐ ☐ ☐ ☐ ☐ ☐ 10 (Absolut)

Findest du Menschen, die ihre Wut zum Ausdruck bringen, inakzeptabel oder beängstigend?

(Ganz und gar nicht) 1 ☐ ☐ ☐ ☐ ☐ ☐ ☐ ☐ ☐ 10 (Absolut)

Nein sagen fällt dir schwer, und du möchtest es – aus Angst vor Ablehnung – am liebsten allen Recht machen?

(Ganz und gar nicht) 1 ☐ ☐ ☐ ☐ ☐ ☐ ☐ ☐ ☐ 10 (Absolut)

Du bist zwar oft wütend, explodierst aber selten. Erst wenn es wirklich gar nicht mehr anders geht, lässt du alles raus.

(Ganz und gar nicht) 1 ☐ ☐ ☐ ☐ ☐ ☐ ☐ ☐ ☐ 10 (Absolut)

Dein Leben ist einfach ungerecht? Du wirst ständig missverstanden und ungerecht behandelt? Andere haben es immer besser als du?

(Ganz und gar nicht) 1 ☐ ☐ ☐ ☐ ☐ ☐ ☐ ☐ ☐ 10 (Absolut)

Du hast starke Verspannungen im Rücken und in der Magengegend oder knirschst nachts mit den Zähnen?

(Ganz und gar nicht) 1 ☐ ☐ ☐ ☐ ☐ ☐ ☐ ☐ ☐ 10 (Absolut)

Dein Immunsystem war auch mal besser dran, was sich an der Zahl der Erkältungen und Entzündungen festmachen lässt?

(Ganz und gar nicht) 1 ☐ ☐ ☐ ☐ ☐ ☐ ☐ ☐ ☐ 10 (Absolut)

Du bist ängstlich, gestresst, hektisch und schläfst eigentlich nie gut. Aber mit Wut hat das aus deiner Sicht nichts zu tun.

(Ganz und gar nicht) 1 ☐ ☐ ☐ ☐ ☐ ☐ ☐ ☐ ☐ 10 (Absolut)

Eine Ursache für das Unterdrücken von Wut und anderen unangenehmen Gefühle findet sich – neben der Nichtannahme aufgrund eigener oder sozialer Bewertungen – darin, dass sich dieses Verhalten zu einem Automatismus entwickelt haben kann. Wir merken irgendwann gar nicht mehr, dass wir wütend sind, weil wir es sozusagen verlernt haben. Dafür haben manche gelernt, sich von ihren Gefühlen abzukoppeln. Irgendwann spürt man dann weder Freud noch Leid. Es ist alles ein trister Einheitsbrei. Und man fragt sich, ob das eine Depression sein könnte.

Ob wir uns ein Ausleben der Wut selbst seit Jahrzehnten verboten haben oder es von anderen unterdrückt wurde, ist zwar wichtig für den Erkenntnisprozess, aber nicht unbedingt maßgeblich für die Lösung. Denn letztlich reicht die Erkenntnis fast schon aus. Wer erkennt, dass er seine Wut unterdrückt, hat den ersten Schritt zur Besserung schon getan. Nichtsdestotrotz lohnt es sich auch hier, die zugrunde liegenden Glaubensmuster zu erkennen, um sich langfristig von diesem Wutmechanismus befreien zu können.

»ICH WERDE NICHT (MEHR) GELIEBT, WENN ICH WÜTEND BIN.«

Wenn man als Kind von den Eltern zurechtgewiesen wurde, wenn man wütend war, kommt einem dieses Glaubensmuster bekannt vor. Vielleicht wurde man mit dem Zeigefinger dabei ermahnt oder es fielen Sätze wie: »In unserer Familie wird nicht herumgeschrien. Wir wissen uns zu benehmen.« Auch ein »Wir streiten uns nicht« kann signalisieren, dass Wut per se fehl am Platz wäre. Mögliche Reaktionen auf die eigene Wut konnten Bestrafung, Enttäuschung oder Liebesentzug sein.

»WUT IST SCHLECHT UND FÜHRT ZU PROBLEMEN.«

Dieser Glaube liegt zumeist darin begründet, dass man selbst schlechte Erfahrungen mit Wut gemacht hat. Vielleicht haben sich die Eltern häufig gestritten und sich schließlich in einem Scheidungskrieg jahrelang das Leben zur Hölle gemacht. Oder aber der Ex-Partner war derart cholerisch, dass man immer Angst hatte, ihm könnte die Hand gleich ausrutschen. Zudem hat man vielleicht in der Öffentlichkeit selbst schon einmal an sich bemerkt, wie peinlich es ist, einen Menschen anzubrüllen, wenn man von 20 Augenpaaren fassungslos angestarrt wurde.

»MIT WUT ERREICHT MAN GAR NICHTS. MAN WIRD DANN NICHT (MEHR) ERNST GENOMMEN.«

Wer diese Erfahrung im Leben gemacht hat, mag daran glauben, dass Wut an sich etwas ist, durch das man nichts erreicht. Die Folge davon ist die vermeintlich logische Konsequenz, dass Wut nichts bringt. Vielleicht war es so, dass man in der Kindheit mitansehen musste, wie die Schwester wütend und hilflos versuchte, sich dagegen zu wehren, das verhasste rosa Kleid anziehen zu müssen. Oder man selbst hat erlebt, dass man durch Wutausbrüche nicht an das Ziel gelangen konnte und dass das Gegenüber stattdessen hämisch oder verächtlich reagiert hat.

»WUT FÜHRT ZU GEWALT.«

Dieser Glaube ist ein besonders ernst zu nehmender. Sollte man nämlich die Erfahrung gemacht haben, dass Wut in Gewalt »ausartet«, fällt es schwer, dies zu revidieren. Dass Wut niemals in Gewalt enden sollte, ist das eine. Dass Wut aber nicht zwangsläufig zu Gewalt führen muss, ist etwas ganz anderes. Verständlich ist es jedoch, dass Menschen, die diese Erfahrung gemacht haben, sich mit der Vorstellung schwertun, dass Wut nicht zwangsläufig in Gewalt enden muss, sondern dass es andere Möglichkeiten gibt, Wut auszudrücken.

Wut als Basisemotion ist übrigens evolutionsbiologisch bedingt auch zur Mobilmachung nötig gewesen. Neben Angst setzt auch Wut Hormone und körperliche Energien frei, die uns ursprünglich vor Angreifern beschützen sollten. Greif an oder stirb! Ist Wut jedoch zusätzlich noch mit traumatischen Erfahrungen gekoppelt, kann dies zu einer negativen Rückkoppelungsschleife führen, die sich endlos wiederholt.

Wenn ein Mensch also gelernt hat, nicht wütend sein zu dürfen, kann eine Situation im Außen trotzdem ungewollt zu einer Wutreaktion führen. Der Puls rast, die Halsschlagader schwillt an oder man wird ganz rot, ohne dass man es will oder sich der eigenen Wut bewusst ist. Diese körperliche Reaktion wiederum führt dann eventuell zu einem Verhalten wie Beleidigen, Rumbrüllen, Türen knallen oder Weglaufen. Dieses Verhalten wird häufig vom Gegenüber als unangemessen betrachtet und sanktioniert. Der Chef mahnt einen ab oder die Partnerin schmollt oder geht nicht mehr ans Telefon. Und genau das hält den Teufelskreis am Laufen. Betroffene speichern die erfolgte Reaktion auf das eigene Verhalten gleich zusammen mit der eigenen Wutreaktion ab. Die Folge davon ist, dass man in Zukunft alles versucht, Wut zu vermeiden und zu unterdrücken, denn die war ja verantwortlich für die Reaktion des Gegenübers. Man kann sich vorstellen, dass in ähnlichen Situationen in der Zukunft dieses Muster wieder genau gleich abgerufen wird.

Die innere Gleichung lautet dann: »Wut führt zu Sanktionen und muss deshalb unterdrückt werden.« Mit den Jahren automatisiert sich dies und ist Betroffenen meist gar nicht bewusst. Dennoch wird durch die Wut, auch wenn sie nicht mehr wahrgenommen wird, ein körperlicher Prozess in Gang gesetzt, der sich allerdings nicht mehr entladen kann. Man kann sich das vorstellen wie ungenutzte Energie, die sich einen Ausgang sucht und keinen findet. Sowohl körperliche als auch psychische Symptome können die Folge sein. Man wird also vom Körper darauf aufmerksam gemacht, dass da in einem etwas im Gange ist.

Wie kann man sich langfristig aus diesem unbewussten Kreislauf befreien?

Auch du kannst dich aus diesem Teufelskreis befreien: Mach dir die Zusammenhänge und Mechanismen bewusst. Dabei ist es von Bedeutung, deine Gefühle – besonders das Gefühl der Wut – wieder zu spüren. Hierzu bedarf es der Vorarbeit des Wahrnehmens und

Akzeptierens. Denn erst, wenn wir wieder eine innere Verbindung zu uns selbst aufgebaut haben, ist es möglich, an die Stelle der alten Glaubensmuster neue und förderliche zu setzen.

Ich finde das logisch. Denn wenn ich nicht fühle, dass ich wütend bin, kann ich die Wut auch nicht kanalisieren und in positiver Weise nach außen tragen. Man muss also erst den inneren Zugang freiräumen, um die Kontrolle wiedererlangen zu können. Das ist also der erste Schritt, um diesen Kreislauf zu durchbrechen.

Daraufhin stellt sich die Frage, wie man mit der Wut umgehen kann, wenn man sie anerkannt hat. Was vielen nicht bewusst ist, ist die Bandbreite der Alternativen. Es ist tatsächlich so, dass man die Wahl hat: Ob man nur innerlich kocht, mächtig Dampf ablässt, andere anschreit oder gar gewalttätig wird. Die Wahl zu haben und dies zu verinnerlichen ist demnach der zweite Schritt.

Im darauffolgenden dritten Schritt gilt es, die Emotion hinter dem Gefühl der Wut zu erkennen. Bei wem Kleinigkeiten zu unverhältnismäßigen Wutausbrüchen führen, könnte etwas ganz anderes die Wut ausgelöst haben als der Tropfen, der das Fass zum Überlaufen gebracht hat, etwa die Kollegin, die mal wieder zu spät gekommen ist. Dahinter könnte etwas ganz anderes stecken, auch eine unvermutete Emotion. Es könnte Traurigkeit darüber sein, nicht wertgeschätzt zu werden. Oder aber Verzweiflung darüber, dass man zwar schon häufiger gesagt hat, wie verletzt man sich fühlt, wenn der andere einen im Regen stehen und warten lässt und der oder die es trotzdem immer wieder tut. Manchmal haben die Gefühle auch gar nichts mit der aktuellen Situation zu tun, sondern entstammen den Kindheitserinnerungen. Wenn der Papa immer zu spät kam, weil ihm die Arbeit scheinbar wichtiger war, und man eine gefühlte Ewigkeit am Kindergartentor auf die Abholung warten musste, fühlt man sich vielleicht auch heutzutage noch zurückgesetzt, wenn andere zu spät kommen. Wenn man verlernt hat, seine Gefühle wahrzunehmen und anzuerkennen, bahnen sich häufiger elementare Basisemotionen den Weg, da sie leichter erkennbar sind als die eigentlich dahintersteckenden differenzierten Gefühle. Der Hang zum Wegdrücken bleibt dann so lange bestehen, bis man sich diese verborgenen Gefühle einmal genauer angesehen hat.

Gefühle wollen gehört und wahrgenommen werden.
Ansonsten bahnen sie sich so lange unkontrolliert ihren Weg,
bis wir ihnen zuhören.

ANGESTAUTE ANGST

Welche Gefühle könnten noch hinter Wut stecken? Angst als Basisemotion ist beispielsweise sehr eng mit Wut verknüpft. Die hormonellen Ausschüttungen im Körper sind ähnlich, und auch Angst offenbart sich gerade dann, wenn sich Veränderungen zeigen. Das kann dann Angst vor Neuem, vor Fremden, vor dem eigenen sozialen Abstieg oder auch vor dem Coronavirus sein. Insbesondere die unsichtbare Gefahr dieses Virus hat einen Großteil der Bevölkerung in Angst versetzt. Dass hierbei viele Wut auf die Regierung und Unzufriedenheit über deren Maßnahmen empfanden, hing zum Teil damit zusammen, dass eine Angst bestand, nicht ausreichend vor der Gefahr des Virus geschützt zu sein/ beschützt zu werden.

PRAXISBEISPIEL

Thomas wurde auf mich als Coach aufmerksam, weil wir ein gemeinsames Thema hatten: das Scheitern. Er fühlte sich selbst als Versager und hatte das Gefühl, in seinem Leben nichts erreicht zu haben. Gleichzeitig kämpfte er mit einer unbändigen Wut, die ihn schon sein ganzes Leben begleitete. Er wollte diese Wut endlich in den Griff bekommen und nach vorne schauen. Der Blick in die Zukunft fiel ihm jedoch sehr schwer, da er durch seine starken Gefühle der Rache und Verbitterung machtvoll an die Vergangenheit gefesselt war. In unseren Sitzungen brachen immer wieder »alte Geschichten« hervor, die er für sich noch nicht verarbeitet hatte. Dabei dominierten Gefühle von Minderwertigkeit. Ob nun von Schulfreunden oder der eigenen Familie: Er hatte das Gefühl, sein Leben lang gemobbt und nicht ernst genommen worden zu sein. Er berichtete von Situationen, in denen er sich wehrte und dabei nur verächtlich behandelt wurde. Sich durchzusetzen gelang ihm nur selten. Parallel dazu wurden seine Wutanfälle immer unkontrollierbarer. Er wusste um die Tatsache, dass er sich selbst oft durch Beleidigungen oder Rumbrüllerei geschadet hatte. Umso mehr fühlte er sich gefangen in sich. Zudem zeigten sich familiäre Abhängigkeiten, die er nur schwer durchbrechen konnte. Seine Hoffnungslosigkeit war groß, ebenso wie der Wunsch nach Veränderung. Sich die eigene Verletzlichkeit und Hilflosigkeit einzugestehen war mit der wichtigste Schritt zur Veränderung, aber auch das Zulassen der Wut. Er bemerkte nämlich, dass er aus Angst vor der Reaktion der anderen seine Wut häufig unterdrückte. Sie war aber stärker, als sein Wille dagegenzuhalten. Leider brach sie dann unkontrollierbar aus ihm heraus.

Wir erarbeiteten Handlungsalternativen, die er in problematischen Situationen anwenden konnte. Und wir gaben seiner Wut Raum. Bei mir durfte er schimpfen und wüten. Wenn es ihn überrollte, stoppte ich ihn nicht. Dadurch machte er die Erfahrung, dass die Wut schneller und leichter abflaute. Aus dem selbst titulierten »Wutbürger« wurde am Ende ein warmherziger, hilfsbereiter und unglaublich witziger Mann, der vor kreativen Ideen nur so sprühte. Er wurde der, der er schon immer war. Erst durch das Annehmen der hinter der Wut liegenden unangenehmen Gefühle konnte dieser Wandel in Gang kommen.

In der Wut stecken zu bleiben bedeutet, die sich dahinter verbergenden Ängste oder anderen Emotionen nicht zuzulassen. Betrachtet und akzeptiert man die Gefühle, hat die Wut an sich nicht mehr so viel Macht.

NEIN SAGEN

Ein letzter wichtiger Faktor, der eng im Zusammenhang mit der Wahrnehmung von Wut steht, ist die Fähigkeit, Nein sagen zu können. Hinter Wut steckt nämlich häufig das Gefühl, hilflos zu sein, oder der Machtlosigkeit. Wenn man Druck verspürt, etwas machen zu müssen, was man eigentlich gar nicht will, ist die Wut eine Art Mittel, Nein zu sagen bzw. Grenzen aufzuzeigen. Dass dies aber auch ohne Gebrüll oder anderes aggressives Verhalten möglich ist, zeigt sich beim Neinsagen.

Menschen, die nicht gut Nein sagen können, haben häufig eines gemeinsam: Angst.

Wer nicht gut Nein sagen kann, hat vielleicht Angst vor der Reaktion des Gegenübers, Angst vor der eigenen Scham, Angst vor Konsequenzen wie sozialer Isolation oder Kündigung, Angst vor Gewalt und Missachtung der eigenen Gefühle. Es gibt aber weitere Ursachen neben der

Angst, doch zunächst einmal möchte ich dich bitten, dich einmal zu fragen, ob dir diese Aussagen zum Neinsagen bekannt vorkommen:

Wenn ich nicht Nein sage ...

  ... dann fühle ich mich geschmeichelt, aufgewertet und wichtig.

(Ganz und gar nicht) 1 ☐ ☐ ☐ ☐ ☐ ☐ ☐ ☐ ☐ 10 (Absolut)

... dann habe ich das Gefühl, gebraucht zu werden und anderen helfen zu können.

(Ganz und gar nicht) 1 ☐ ☐ ☐ ☐ ☐ ☐ ☐ ☐ ☐ 10 (Absolut)

... dann habe ich auch kein schlechtes Gewissen, jemand anders enttäuscht zu haben.

(Ganz und gar nicht) 1 ☐ ☐ ☐ ☐ ☐ ☐ ☐ ☐ ☐ 10 (Absolut)

... dann bin ich auch nicht egoistisch oder arrogant.

(Ganz und gar nicht) 1 ☐ ☐ ☐ ☐ ☐ ☐ ☐ ☐ ☐ 10 (Absolut)

... dann habe ich auch keine Angst, isoliert zu sein oder etwas zu verpassen.

(Ganz und gar nicht) 1 ☐ ☐ ☐ ☐ ☐ ☐ ☐ ☐ ☐ 10 (Absolut)

... dann muss ich mir keine Sorgen um negative Konsequenzen machen, die ein Nein mit sich bringen könnte.

(Ganz und gar nicht) 1 ☐ ☐ ☐ ☐ ☐ ☐ ☐ ☐ ☐ 10 (Absolut)

... dann fühle ich mich weiterhin verantwortlich und habe Einfluss auf das Ergebnis.

(Ganz und gar nicht) 1   □ □ □ □ □ □ □ □ □   10 (Absolut)

... dann kann ich zeigen, was ich im Vergleich zu anderen draufhabe.

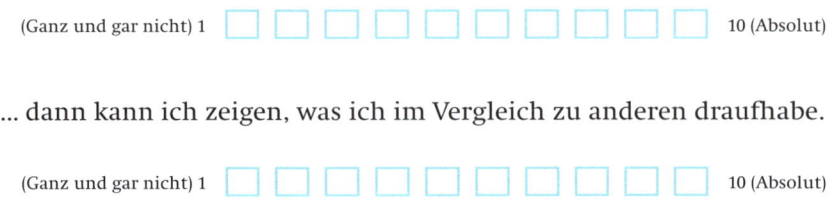

(Ganz und gar nicht) 1   □ □ □ □ □ □ □ □ □   10 (Absolut)

Nein sagen zu können bzw. es zu lernen kann als elementarer Schlüssel zum Umgang mit der eigenen Wut angesehen werden. Nein sagen bedeutet nämlich, auch zu sich selbst und den eigenen Wünschen zu stehen, Grenzen zu setzen und die Angst vor Konsequenzen nicht Überhand nehmen zu lassen. Wenn man die unangenehmen Gefühle, die sich aus Druck ergeben, wahrnehmen und annehmen lernt, verliert gleichzeitig die Wut mehr und mehr an Wucht. Der innere Dampfkessel steht nicht mehr so leicht kurz vor dem Explodieren. Ein »einfaches« Nein kann die ganze Situation, die sonst zu überbrodelnder Wut geführt hätte, enorm entschärfen. Nur weil man eine Bitte ablehnt, ist man nicht weniger liebenswert. Nur weil man mal keine Zeit für die beste Freundin hat, ist man keine schlechte Freundin. Ganz im Gegenteil: Wer freundlich und bestimmt seine Grenzen aufzeigt, erfährt zumeist neben größerer innerer Freiheit auch Wertschätzung. Denn nicht jeder reagiert pampig auf ein Nein, auch wenn man das vielleicht so in Erinnerung hat, weil man es früher so erlebt hat.

Die Konsequenzen davon, ständig Ja zu sagen, obwohl man Nein meint, sind beispielsweise, dass man seiner eigenen Wahrnehmung irgendwann nicht mehr richtig vertrauen kann. Wie aber soll man sich auch vertrauen, wenn man etwas sagt und etwas anderes meint? Wie soll man dann sicher sein, dass das, was man fühlt, auch das ist, was man fühlt? Neben den Konsequenzen für die eigene Sinnes- und Gedankenwahrnehmung verursacht automatisiertes Ja-Sagen auch, dass man weniger Zeit und Energie für eigene Projekte oder Wünsche hat. Man selbst sagt durch das Ja zu anderen auch gleichzeitig Nein zu sich selbst. Das kann ab und an angebracht sein. Aber es sollte kein Dauerzustand sein.

Hinzu kommt der Druck, den man sich selbst auflädt, weil man beispielsweise auf der Arbeit zusätzlich zum normalen Pensum noch Aufgaben erledigen muss, die bis in den Abend hinein gehen. Und das vielleicht nur, weil der attraktive Kollege einfach so unglaublich charmant ist. Darüber wiederum kann man sich dann ärgern, wodurch die Wut auf sich selbst gleich weiter angeheizt werden könnte. Schließlich kommt noch hinzu, dass Ja-Sager leicht das Gefühl erhalten, ausgenutzt zu werden. Wenn der Kollege merkt, dass er bei jemandem die Arbeit abladen kann, die er selbst nicht gerne macht, und einen mit Komplimenten ködert, dann könnte es sein, dass er das bei der nächsten Aufgabe wieder versucht. Und irgendwann macht man dann einen Teil seiner Arbeit regelmäßig und selbstverständlich mit. Das nagende Gefühl, dass da etwas nicht stimmt, kann dann wiederum zu Wut führen. Und so schließt sich der Kreis.

Wer nicht gut Nein sagen kann ...

» tendiert dazu, es anderen recht zu machen.
» wird dadurch auch häufiger ausgenutzt.
» kann sich schlecht durchsetzen und vermeidet Konfrontationen.
» entfernt sich von sich und den eigenen Wünschen.
» macht sich von der Meinung anderer abhängig.
» setzt sich selbst unter Druck.

Zusammengefasst lässt sich also sagen, dass es viele unangenehme Gefühle gibt, die sich uns zeigen wollen. In Bezug auf Druck ist – neben Angst – Wut ein maßgebliches Gefühl. Der Umgang mit Wut fällt vielen nicht leicht, da dieses Gefühl von der Gesellschaft negativ bewertet wird und man selbst eventuell schlechte Erfahrungen mit wütenden Menschen gemacht hat. Das Wahrnehmen und konstruktive Herauslassen von Wut ist ein wichtiges Instrument, um sich von ihr zu befreien. Im nun folgenden Kapitel »Transformation – Verändere deine Glaubenssätze und entwickle neue Ziele« wird es neben der Transformation von Wut und den damit verbundenen Glaubenssätzen des inneren Antreibers darum gehen, weitere mit diesem Gefühl zusammenhängende Verhaltensweisen zu verändern, indem man sich neue Ziele setzt. Denn gerade neuartige Wünsche und Zielformulierungen verhelfen uns dazu, eingeschlagene Pfade zu verlassen und auf anderen Wegen zu einem neuartigen Wohlbefinden zu gelangen. Am besten wandern wir so in ein Leben, in dem der (Dauer-)Zustand »Under Pressure« der Vergangenheit angehört.

5.
TRANSFORMATION: VERÄNDERE DEINE GLAUBENSSÄTZE UND ENTWICKLE NEUE ZIELE!

Nach Wahrnehmung, Akzeptanz und Rauslassen von Gedanken und Gefühlen geht es nun zur Transformation bisheriger Muster. Um Veränderungen hinsichtlich des Drucks in deinem Leben zu erreichen, ist es wichtig, dass du zuvor alte, hinderliche Glaubenssätze in neue, hilfreiche veränderst. Dank dieser geänderten Glaubenssätze wird es dir möglich sein, neue Ziele zu formulieren und zu erreichen. Bitte beachte, dass viele einen Fehler machen, wenn sie etwas verändern: Sie zögern, das Alte hinreichend aufzulösen, bevor sie Neues an seine Stelle setzen.

Wenn ich dir das an einem Beispiel deutlich machen darf: Viele, die unter Druck stehen, versuchen, sich selbst zu sagen: »Okay, ich bin eben perfektionistisch. Das jedoch setzt mich unter Druck und hindert mich. Ich sollte also in Zukunft einfach nicht mehr perfektionistisch sein.« Leider ist so eine Aussage nicht hilfreich. Was eine nachhaltige Transformation bewirkt? Du solltest das bisherige Muster zuerst anerkennen und auflösen und erst dann ersetzen. Sprich: Das neue Muster kann nicht durch einen Satz ersetzt werden wie: »Ich sollte nicht perfektionistisch sein.« Das liegt zum einen an der Negation, die das Gehirn nicht verarbeiten kann. Wenn man sich selbst außerdem keinen überzeugenden Gegenentwurf präsentiert, bei dem man auch fühlt und nicht nur denkt, dass dies in eine neue, für einen selbst stimmige Richtung gehen kann, ist die Veränderung leider wirkungslos. Sie kommt nicht an und Betroffene bleiben weiterhin in den alten Mustern stecken.

DIE BEDEUTUNG VON GLAUBENSSÄTZEN

Glaubenssätze helfen uns dabei, Informationen rasch und sicher einordnen zu können sowie schnell darauf zu reagieren. Und sie geben unserem Leben häufig Stabilität und Kontinuität. Schon als Kind wird man nahezu täglich mit Sätzen konfrontiert wie: »Hunde, die bellen, beißen nicht.« Oder: »Geduld wird am Ende belohnt.«

Einschränkende oder negative Glaubenssätze hindern uns daran, unsere Wünsche und Ziele zu erreichen. Vor allem das unbewusste Handeln gemäß alter Glaubensmuster stellt Veränderungswillige vor große Schwierigkeiten. Wer zu sich selbst sagt »Ich bin ein Versager«, wird vermutlich Schwierigkeiten haben, erfolgreich zu sein. Wenn wir etwas glauben, dann verhalten wir uns tatsächlich so, als sei das, was wir glauben, wirklich wahr. Aus diesem Glauben entstehen dann wiederum negative Gefühle. Zudem nehmen wir selektiv vor allem Dinge als bedeutsam wahr, die den Glaubenssatz bestätigen. Wer beispielsweise glaubt, »Männer sind Schweine«, wird immer wieder Beispiele und die Bestätigung bekommen. Mit einer enormen Trefferquote ziehen sich Betroffene häufig genau die Art von Männern in ihr Leben, die diesen Glaubenssatz bestätigen. Manchen erscheint das regelrecht unheimlich. Glaubt man indes, »Männer sind wunderbare Wesen«, wird man es mit der Männerwelt vermutlich leichter haben. Dasselbe gilt natürlich umgekehrt für Frauen. Denn viele Männer glauben wiederum, dass »Frauen total emotional und kompliziert« sind, und sie durchleben aufgrund dieser Annahme eine andere Realität mit dem weiblichen Geschlecht, als Männer es tun, die der Auffassung sind: »Von der Andersartigkeit der Frauen kann ich noch viel lernen.«

Glaubenssätze dienen uns als eine Art Wahrnehmungsfilter, der Ereignisse so bestätigt, wie wir sie glauben. Um gegenteilige Erfahrungen machen zu können, ist die Veränderung der Denkmuster elementar. Niemand wird einfach aus sich heraus gelassener oder weniger gestresst sein, wenn er seine eigenen Denkmuster nicht entlarvt und die Festplatte im Kopf neu formatiert.

Nicht umsonst beschäftigen sich viele Menschen mit Resonanztheorien wie sie etwa »The Secret – Das Geheimnis«[12] oder dem Thema »The Law of Attraction – das kosmische Gesetz hinter THE SECRET«[13]. Zusammengefasst geht es dort darum, eigene Glaubensmuster aufzudecken und zu verändern. Gleiches zieht Gleiches an. Wer im tiefsten Inneren wahrhaftig glaubt, ein liebenswerter Mensch zu sein und eine wertschätzende Behandlung verdient zu haben, strahlt dies auch nach außen aus. Man trifft vermehrt auf Menschen, die ebenfalls wertschätzend mit sich und anderen umgehen, bzw. weiß sich zu wehren oder abzugrenzen, wenn dem nicht so ist. Umgekehrt trifft man im Leben häufiger auf Menschen, die mit sich selbst in Unfrieden sind und einen nicht gut behandeln, wenn man mit sich selbst nicht im Reinen ist.

Überträgt man diese Erkenntnisse auf das Thema Druck, bedeutete dies, dass man innerlich noch hinderlichen Glaubensmustern verhaftet ist, wenn man Druck als Problem mit sich trägt, und entsprechend von außen häufiger unter Druck gesetzt werden kann. Worum es mir hier geht? Ich möchte, dass du erkennst, in welcher Weise du selbst der Motor sein kannst, wenn du erst einmal die zugrunde liegenden Prinzipien verstanden hast. Wer sich selbst als Schöpfer seiner eigenen Realität anerkennt und merkt, dass eigene, innere Veränderungen auch Auswirkungen auf das Außen haben, wird sich vermutlich wohler damit fühlen, das eigene Leben (wieder) selbst in die Hand zu nehmen. Das Aussteigen aus der »Opferrolle«, in der man Spielball anderer Menschen oder der eigenen Emotionen ist, kann so durchbrochen werden. Aber auch ohne den Glauben oder das Interesse an Resonanzkonzepten ist es möglich, die Verantwortung für das eigene Glück und Wohlbefinden in die eigene Hand zu nehmen.

12 Rhonda Byrne, The Secret – Das Geheimnis, Arkana Verlag, München 2007.
13 Esther Hicks, »The Law of Attraction – das kosmische Gesetz hinter THE SECRET«, Ullstein Taschenbuch Verlag, Berlin 2009.

Was sind also die wichtigsten Elemente, die ein förderlicher, neuer Glaubenssatz beinhalten sollte?

Glaubenssätze müssen als wahr empfunden werden.
Sie sollten keine Verneinung enthalten.
Sie sollten kurz und prägnant sein.

Darf ich dich an die hier vorstehend herausgearbeiteten Regeln für innere Antreiber erinnern? Uns war aufgefallen, dass jedem Glaubenssatz weitere Glaubensmuster unterstellt waren. Bei »Sei perfekt« schwang beispielsweise noch »Du bist noch nicht gut genug. Du kannst immer etwas besser machen. Arbeite fehlerfrei, genau und gründlich.« mit. Und wendet man die folgende Frage ins Positive, fällt einem vielleicht ein: »Ich muss nicht perfekt sein.« Auch in diesem Satz ist wieder eine Negation enthalten und ebenfalls das Wort perfekt. Letzteres ist ja per se mit Druck verbunden, weshalb die Wirkung vermutlich nicht so stark ausfällt. Fragt man sich jedoch, was es heißt, nicht perfekt sein zu müssen, dann könnte eine Transformation lauten: »Ich erledige Dinge mit Herzblut.«, »Ich bin gerne leidenschaftlich bei der Sache.«. Oder aber: »Mir ist es wichtig, eine fundierte Arbeit abzuliefern.«

Ich mache das hier einmal beispielhaft für eine ganze Reihe von Sätzen, damit du siehst, worauf ich hinauswill.

Aus »Du bist noch nicht gut genug.« könnte werden:

» »Ich bin ein wertvoller Mensch.«
» »Ich bin liebenswert.«
» »Ich bin genau richtig, so wie ich bin.«

Aus »Du kannst immer etwas besser machen.« könnte werden:

» »Ich arbeite gerne genau und gewissenhaft.«
» »Ich gebe mir stets Mühe.«
» »Manchmal sind fünfzig Prozent vollkommen okay.«

Aus »Arbeite fehlerfrei, genau und gründlich.« könnte werden:

» »Man lernt aus seinen Fehlern.«
» »Weniger ist manchmal mehr.«
» »Ich stehe voll hinter dem, was ich mache.«

Nun zu deinen erarbeiteten Glaubenssätzen. Welcher Glaubenssatz war der für dich wichtigste? Schreibe ihn hier bitte noch einmal auf.

....
....
....

Erinnere dich an die Gefühle, die dieser Satz in dir ausgelöst hat. Welche konntest du feststellen?

....
....
....

Finde nun eine positive und »knackige« Formulierung. Keep it short and simple! Wie könnte der neue Satz lauten? Du kannst gerne erst einmal mehrere Ideen aufschreiben und dir dann die für dich passendste herausgreifen.

....
....
....

Sprich nun diesen neuen Satz laut für dich aus. Welche Gedanken und Gefühle löst der Satz in dir aus?

....

....

....

Fühlt er sich für dich glaubhaft an?

....

....

....

Fehlt vielleicht noch etwas? Wenn ja, was könnte das sein? Finde heraus, was der Satz hinter dem Satz ist.

....

....

....

Was ist mit den unangenehmen Gefühlen, die sich zuvor bei deinem Glaubenssatz meldeten? Sind sie weiterhin vorhanden oder sind sie verschwunden?

....

....

....

Wenn sie weiterhin vorhanden sind, was bräuchte es, um sie aufzulösen?

....

....

....

Wie könnte dein neuer Glaubenssatz lauten?

....

....

....

ZIELFORMULIERUNG AUS NEUEN GLAUBENSSÄTZEN

Wofür es wichtig ist, aus einem Glaubenssatz ein Ziel zu entwickeln? Warum es nicht ausreicht, dass ich mir bestätige, gut genug oder eben ein ganz besonderer Mensch zu sein? Der Schritt der Veränderung des Glaubenssatzes an sich ist natürlich elementar. Doch nur durch innerliches »Vorbeten« oder »Mantra-Singen« geschehen selten spürbare Veränderungen. Erst durch die Koppelung an ein Ziel macht sich ein neuer Glaubenssatz bezahlt. Mit diesem Ziel kannst du eine Veränderung tatsächlich angehen und erleben.

Wenn man beispielsweise für sich erarbeitet hat, dass man Fehler machen darf, ist das ein enormer und erster wichtiger Schritt. Aber was bedeutet das für das eigene Leben, für den zukünftigen Alltag? Es könnte heißen, dass man seinen Selbstwert nicht mehr von Ergebnissen oder Ereignissen abhängig macht. Das wiederum bewirkt, dass man in Zukunft ohne Sorge zur Arbeit gehen könnte, man müsste sich nicht mehr unter Druck setzen, und man hätte nicht mehr bei jedem Fehler eine schlaflose Nacht. Kein Grübeln mehr, ob der Job gefährdet wäre! Und selbst wenn er gefährdet sein sollte: Du wärst nun in der Lage, dich aus diesem Arbeitsverhältnis zu befreien. Aus eigenem Antrieb, denn diese Art der Arbeit ginge gegen deine Wertvorstellungen. Du bist dann mehr als ein Fehler, den du vielleicht irgendwann mal begangen hast. Das hieße dann auch, du stündest zu dir mit allen Seiten, die sich zeigen. Du würdest dich nur noch mit Menschen umgeben wollen, von denen du wertschätzend behandelt wirst. Oder kurz gesagt: »Ich möchte mir mein Umfeld, in dem ich mich wohlfühle, selbst aussuchen können.«

Wie man anhand dieses Denkbeispiels sehen kann, ergibt sich aus der Transformation eines hinderlichen Glaubenssatzes ein Wunsch, der dazu beitragen kann, das Leben zu führen, das man sich wünscht. Dies ist dann der elementarste Bestandteil der Transformation des Glaubenssatzes. Man hat aus dem neuen Glauben ein neues Ziel für sich entwickelt.

Nun gilt es, diesen Wunsch als Ziel zu formulieren. Wir werden gemeinsam dieses Ziel hinterfragen, und du wirst sehen: Die notwendigen Schritte zur Umsetzung werden offensichtlich. Erst durch diese Zwischenschritte ist es möglich, dank eines neuen Glaubenssatzes in die Veränderung zu gehen.

Wer einmal erkannt hat, in welche Richtung der neue Weg führt – und dementsprechend in sich gefestigt ist –, dem kann auch Druck von außen nicht mehr viel anhaben. Der Druck prallt dann ab wie ein Tennisball, den man gegen eine Wand spielt. Einfach deshalb, weil man den Zugang zu sich selbst und den eigenen Werten, Wünschen und Zielen (wieder)erlangt hat.

DIE ZIELFORMULIERUNG

Für die Zielformulierung gibt es eine Vielzahl an Hilfestellungen, Tipps und Tricks. Alle haben eines gemeinsam: Sie wollen dir dabei helfen, Wünsche und Ziele so zu formulieren, dass sie konkret, wahrnehmbar und überprüfbar sind. Sprich: dass du die eigenen Ziele auch erreichst. Denn interessanterweise kann man sich schon bei der Zielformulierung ungewollt selbst im Weg stehen. Wer zum Beispiel »Ich wünsche mir ein schönes Leben.« als Ziel formuliert, sollte sich fragen, was genau er denn mit dem schönen Leben meint. Heißt ein schönes Leben etwa, eine Familie zu haben, Reisen zu können, erfolgreich zu sein? Oder doch etwas ganz anderes? Wie man an diesem Beispiel erkennen kann, gibt es Ziele, die zunächst ein wenig »Wischiwaschi« klingen. Und dementsprechend sieht es auch mit der Umsetzung aus. Wer aber sein Ziel nicht definiert, der weiß nicht, welche Schritte er dafür gehen muss, welche Hindernisse er möglicherweise nicht beachtet. Der überlässt aber die Erreichung des Ziels dem Außen oder dem Zufall. Damit du vermeidest, bei der Formulierung Fehler zu machen, die ein Erreichen und eine Umsetzung verhindern, nenne ich dir hier konkrete Fragen, die dir helfen.

Zum besseren Verständnis verhilft dieses Beispiel, das den Regeln des inneren Antreibers folgt. Aus dem Glaubenssatz »Sei stark« und den damit zusammenhängenden Untersätzen »Komm alleine zurecht, beiß die Zähne zusammen und zeig keine Gefühle.«, sowie »Bewahre Haltung und lass keine Schwäche zu.«, könnte der neue Glaubenssatz »Ich darf Schwäche zeigen.« werden oder aber »Ich habe viele verschiedenartige und tolle Charaktereigenschaften.«. Entsprechend könnten sich die Untersätze in eine Affirmation wandeln: »Schwäche zu zeigen ist eine Stärke.« – »Ich darf Hilfe annehmen und meine Gefühle anderen zeigen.«. Pickt man sich nun einen dieser Sätze heraus und formuliert daraufhin ein Ziel, so könnte dieses lauten: »Ich nehme Hilfe an, wenn ich sie brauche.«

Auch das klingt erst einmal ein wenig »Larifari«. Aber eigentlich steckt doch etwas Wertvolles dahinter: »Ich vertiefe meine Verbindung zu Familie, Freunden, Kollegen.«

Was genau hinter diesem Ziel steckt, gilt es weiter, zu hinterfragen. Am Schluss kann man das Ziel dann je nach Bedarf nachjustieren. Ein Ziel muss am Anfang nicht »perfekt« sein. Die Nichtperfektion erlaubt es nämlich, sich selbst Fragen zu beantworten und daraufhin das Ziel noch genauer zu formulieren. Man nennt dies auch eine »rohe« Zieldefinition.

Bevor es an die Konkretisierung deines Ziels geht, hier zur Veranschaulichung eine Übersicht möglicher Zielformulierungen.

 # ZIELBEISPIEL: NÄCHSTEN DONNERSTAG SPORT MACHEN

Mögliche Formulierungen:
1. Ich versuche, nächsten Donnerstag Sport zu machen.
2. Es wäre schön, nächsten Donnerstag Sport zu machen.
3. Es täte mir gut, nächsten Donnerstag Sport zu machen.
4. Man sollte nächsten Donnerstag Sport machen.
5. Ich möchte nächsten Donnerstag Sport machen.
6. Ich könnte nächsten Donnerstag Sport machen.
7. Ich würde gerne nächsten Donnerstag Sport machen.
8. Ich müsste nächsten Donnerstag Sport machen.
9. Ich will nächsten Donnerstag Sport machen.
10. Ich soll nächsten Donnerstag Sport machen.
11. Ich sollte nächsten Donnerstag Sport machen.
12. Ich werde nächsten Donnerstag Sport machen.
13. Ich mache nächsten Donnerstag Sport.

Welche Formulierung ist aus deiner Sicht nicht hilfreich, um das Ziel zu erreichen? Wo siehst du bereits, dass es nicht klappen wird? Woran könnte das liegen?

....
....
....

Welche Formulierungen sind indes gut gewählt, und du glaubst daran, dass eine Person mit dieser Aussage ihr Ziel erreicht? Was denkst du, woran könnte das wiederum liegen?

....
....
....

Wie man anhand der aufgezeigten Beispielformulierungen erkennen kann, gibt es förderliche und nicht förderliche Phrasen bei der Zielformulierung. Anders ausgedrückt: Wer sein Ziel so formuliert, dass sich bereits anhand der Wortwahl zeigt, dass Selbstzweifel oder Unentschlossenheit im Raum stehen, wird vermutlich Schwierigkeiten haben, dieses Ziel auch zu erreichen. Oft ist man sich dessen aber gar nicht bewusst. Um diese Tücke zu vermeiden, können dir folgende Tipps helfen.

KRITERIEN FÜR DIE ZIELFORMULIERUNG

» Formuliere dein Ziel positiv, d.h. frei von Negationen. Statt »Ich will nichts mehr aufschieben.« verwende lieber: »Ich werde wichtige Dinge sofort/am selben Tag erledigen.«

» Vermeide Vergleiche mit »weniger« oder »mehr« und wähle stattdessen eindeutige Formulierungen. Anstatt »Ich will mich weniger ärgern.« wähle lieber: »Ich bleibe in schwierigen Situationen ruhig und gelassen.«

» Wähle die Ich-Form. »Man«, »sollte«, »muss« und weitere unspezifische oder nach außen orientierte Formulierungen lass bitte weg. »Ich muss« lässt dich in dem Glauben, dass dir eine Situation aufgezwungen wurde. Stattdessen möchtest du ausdrücken, dass du dich frei für dein Ziel entschieden hast. »Sollte« weißt auf äußere Normen anstatt auf die eigene Entscheidung hin. »Man« ist sehr allgemein gehalten, zeigt eine Distanzierung von dir selbst und ist die Umkehrform der äußeren Norm als Projektion auf dich selbst.

» Statt »Weg von«-, lieber »Hin zu«-Formulierungen
Wer sich denkt, dass er »weg von« dieser Gedankenspirale will, die einem das Leben zur Hölle macht, fokussiert sich auf das, was er nicht haben will. Dabei muss dies noch nicht einmal negativ formuliert sein. Allein der Bezug ist ausreichend für den Blick zurück. Stattdessen möchte ich dich anregen, lieber den Blick nach vorne zu wählen und dich fragen: »Wo will ich stattdessen hin?« Ein »Hin zu« ist zukunftsorientiert und behält die Lösung im Blick. Wer aus der Gedankenspirale aussteigen möchte, wünscht sich vielleicht, klare Entscheidungen treffen zu können, indem er auf sich vertraut. Das Ziel könnte dann heißen: »Ich vertraue auf meine Wahrnehmung und treffe klare Entscheidungen.«

» Gegenwart vs. Zukunft

Über diesen Punkt streiten sich die Experten: Ist es nicht noch sinn-voller, das Ziel als gegenwärtig und mit der entsprechenden Verb-form zu formulieren. Aus »Ich möchte ein gesundes Leben führen« wird dann: »Ich führe ein gesundes Leben.« Die Formulierung in der Gegenwart hängt mit der »So tun als ob«-Strategie zusammen. Indem man sich vorstellt, das Ziel schon erreicht zu haben, fühlt man sich dem Ziel direkt näher.

Wenn du jetzt dein Ziel vornimmst, betrachte es noch einmal in Bezug auf die oben genannten Kriterien. Möchtest du es umformulieren?

Eine der bekanntesten Möglichkeiten, Ziele zu formulieren, ist die SMART[14]-Formel. Sie steht für spezifisch, messbar, attraktiv, realistisch und terminiert. Wenn dein Ziel in der Formulierung bereits feststeht, beantworte bitte folgende Fragen. Nimm dir ruhig etwas mehr Zeit, schalte alle Störquellen aus und dann leg los.

14 Diese Formel wird auf George T. Doran (1981) zurückgeführt

1. SPEZIFISCH

Beschreibe dein Ziel so konkret und detailliert wie nur möglich. Versuche, dir vorzustellen, du hättest dein Ziel bereits erreicht.

....

....

....

2. MESSBAR

Woran kannst du erkennen, dass du dein Ziel erreicht hast? Gibt es präzise Zahlen oder andere Kriterien, die dies belegen?

....

....

....

Lässt sich das Erreichen des Ziels auch mit einem oder mehreren Gefühlen beschreiben?

....

....

....

Ist das Ziel eigenständig erreichbar oder bedarf es der Hilfe/Zustimmung/Kooperation anderer?

....

....

....

3. ATTRAKTIV

Warum ist es attraktiv bzw. wichtig für dich, dieses Ziel zu erreichen?

....

....

....

Wie wirkt sich das Erreichen des Ziels auf deine Umgebung (Familie, Partner, Freunde, Kollegen) aus?

....

....

....

4. REALISTISCH

Wie ist das Ziel – entsprechend deiner Möglichkeiten – für dich erreichbar?

....

....

....

Inwiefern fordert dich dieses Ziel?

....

....

....

Worauf verzichtest du, wenn du dieses Ziel erreichst?

....

....

....

5. TERMINIERT

Bis wann möchtest du das Ziel erreicht haben?

....
....
....

Nach welchen Kriterien setzt du dir diese Zeit?

....
....
....

Was ist dein erster Schritt auf das Ziel zu?

....
....
....

Welche Schritte müssten als Nächstes folgen?

....
....
....

Hast du dein Ziel in dieser Weise hinterfragt, bietet sich eine anschließende Übung an. Hierbei kannst du deine Gedanken fließen lassen und dir dein Ziel in den schönsten Farben vor deinem inneren Auge ausmalen. Die Frage entstammt dem Bereich der NLP (Neurolinguistische Programmierung) und greift den bereits zuvor erwähnten »So tun als ob«-Rahmen auf. Du darfst jetzt also so tun, als ob du dein Ziel bereits erreicht hättest.

DIE WUNDERFRAGE

Bitte lass dich einmal auf das folgende Szenario ein: Angenommen, es wäre Nacht und du legst dich gleich schlafen. Du hast einen wundervollen und erfüllten Tag hinter dir und sinkst zufrieden und wohlig in dein Bett. Während du schläfst, geschieht ein Wunder, und all die Probleme, die dich schon seit längerer Zeit belastet haben, sind gelöst. Da du geschlafen hast, weißt du nicht, dass dieses Wunder tatsächlich geschehen ist.

Was wird deiner Meinung nach am nächsten Morgen das erste kleine Anzeichen dafür sein, dass sich etwas verändert hat?

....
....
....

Wer wird die erste Person sein, die bemerkt, dass das Wunder geschehen ist, und woran macht sie das fest?

....
....
....

Wer wird was anders machen nach dem Wunder?

....
....
....

Wer wird am Überraschtesten sein, dass das Wunder geschehen ist?

....

....

....

Was wird diese Person sehen, was nun anders ist und womit sie nicht gerechnet hätte?

....

....

....

Was wiederum wirst du an dieser Person wahrnehmen, was dich positiv überrascht?

....

....

....

Wo möchtest du gerne sein, wenn du bemerkst, dass das Wunder geschehen ist?

....

....

....

Welche Gedanken und Gefühle kommen in dir auf?

....

....

....

Wie würde es dir gehen, wenn du dieses Wunder tatsächlich bald erleben könntest?

....

....

....

Anhand der Wunderfrage kann man ganz hervorragend in seine Ziele eintauchen. Man erhält die Erlaubnis, sich die eigene Zukunft schön und in allen Farben und Formen vorzustellen. Zu viele von uns haben verlernt, eine fast schon kindliche Neugierde und Fantasie in unserem Leben zuzulassen. Doch das Szenario samt der Fragen kann dir dabei helfen, diese Seiten an dir wiederzuentdecken.

Nun heißt es leider, die Fantasie zu verlassen, kehren wir zurück in die Realität. Wie geht es jetzt weiter?

Du hast hinderliche Glaubenssätze transformiert und ein oder mehrere Ziele für dich formuliert. Ist der Druck, den du bislang verspürt hast, dadurch einfach Geschichte? Noch nicht ganz. Um Ziele umzusetzen und auf lange Sicht weniger Druck zu spüren, ist es wichtig, die notwendigen Schritte zum Ziel auch zu gehen. Durch die Hinterfragung der Ziele habe ich bereits angedeutet, dass nicht nur die Klarheit der Formulierung ein entscheidender Faktor ist, sondern dass du dir bewusst wirst, welche Hilfsmittel notwendig sind, um auf das Ziel zumarschieren zu können.

Im nun folgenden Kapitel »Ressourcen: Nutze deine Helferlein« lege ich daher den Fokus auf vorhandene und erlernbare Kompetenzen, Potenziale und Ressourcen, die dir dabei helfen können, dein Ziel zu erreichen.

6.
RESSOURCEN:
NUTZE DEINE
HELFERLEIN!

Du hast erfolgreich Glaubenssätze formuliert, auf dich und deine Ziele hin überprüft und du hast deine Ziele identifiziert. Damit steht der Erfolg – ein Leben mit weniger Druck – schon vor der Tür. Wir aber wollen gemeinsam noch einen Blick auf die Ressourcen richten, die dir hierfür ganz persönlich zur Verfügung stehen. Ressourcen sind die vielen kleinen Helferlein, die es uns ermöglichen, unsere Ziele zu erreichen. Unter Helferlein müssen nicht zwangsläufig reale Wesen verstanden werden. Wenngleich es »With a little help from my friends«, so wie es schon die Beatles besungen haben, natürlich immer noch ein Stück leichter gehen wird.

Wir richten unseren Fokus zunächst auf die Möglichkeiten, die du selbst zur Verfügung hast, ganz im Sinne der Eigenverantwortung. Doch was genau sind diese sogenannten Ressourcen? Was ist hier gemeint?

WERTE

Der Begriff Ressourcen erinnert zunächst ein wenig an Braunkohle, Rohöl oder Edelmetalle. Und der Vergleich ist gar nicht so schlecht. Denn das, was der Mensch als Ressourcen zur Erreichung von Zielen in sich trägt, ist mindestens so wertvoll und bei vielen über viele Jahrzehnte gewachsen. Doch statt um Raubbau an der Natur soll es im Folgenden um einen respektvollen und nachhaltigen Umgang mit diesen wertvollen Ressourcen gehen.

Ressourcen sind – auf uns Menschen bezogen – Fähigkeiten oder Eigenschaften, die es uns ermöglichen, unsere Ziele zu verfolgen, Anforderungen zu bewältigen oder bestimmte Handlungen zu vollziehen. Als Ressourcen werden vor allem Werte, Potenziale und Kompetenzen angesehen.

Die Kernfrage dieses Kapitels lautet also:

Wer oder was kann mir dabei behilflich sein, meine Ziele zu erreichen?

Im Zusammenhang mit der passenden Zielformulierung tauchte bereits die Frage nach den eignen Werkten auf und ob die Ziele, die man für sich formuliert hat, auch so ausgerichtet sind, dass sie sich stimmig anfühlen. Was wir hier mit Authentizität meinen, ist die Tatsache, ob man ein wahrhaftiges, nach den eigenen Werten ausgerichtetes Leben führt. Oder anders gesagt: Bin ich tatsächlich ich selbst oder lebe ich doch eher nach den (vermeintlichen) Erwartungen anderer?

Es gibt aber noch weitere Möglichkeiten herauszufinden, was dir wirklich wichtig ist im Leben und was deine Art roter Faden oder dein Leitmotiv sein könnte. Zur Vertiefung hier nun ein paar weitere Fragen, die dir Aufschluss über deine innere Werte geben können.

Worüber unterhältst du dich gerne mit anderen Menschen?

....

....

....

Wofür gibst du gerne Geld aus?

....

....

....

Was machst du gerne in deiner Freizeit?

....

....

....

Was inspiriert und motiviert dich? Was regt dich zum Handeln an?

....

....

....

Worüber denkst du oft und intensiv nach?

....

....

....

Was ist dir wichtig in deinem Leben?

....

....

....

WAS ICH MAG

Eine weitere kleine Übung bietet sich an: Bitte schreib einmal zehn Dinge, Tätigkeiten, Orte oder Personen auf, die du magst. Überlege anhand dieser Dinge, was sie für dich bedeuten und welche Werte dahinterstehen könnten.

Beispiel: Sommerabend mit Freunden am See verbringen = Genuss, Verbindung, Natur

....
....
....
....
....
....

Erweitere bitte diese Übung, indem du nun dasselbe für zehn Dinge machst, die du nicht magst. Finde die Mängel heraus und wende sie ins Positive. Dann erhältst du weitere Werte.

Beispiel: Plattenbausiedlungen = Einengung (Mangel), gewendet ins Gegenteil: Freiheit, Unabhängigkeit oder Grenzenlosigkeit

....
....
....
....
....
....

 # MEINE WERTE

Identifiziere nun deine wichtigsten Werte und achte dabei besonders auf Dopplungen oder sehr ähnliche Werte.

Welche dieser Werte sind dir besonders wichtig?

....

....

....

Kannst du einige Werte auch zu einem gemeinsamen Wert zusammenfassen?

....

....

....

Bestimme als Letztes die Ordnung deiner Werte. Welcher Wert ist der wichtigste für dich?

....

....

....

Welcher Wert ist weniger wichtig?

....

....

....

Ist Wert 1 wichtiger oder weniger wichtig als Wert 2 usw.?

....

....

....

Nach diesen Übungen könntest du nun noch besser wissen, was dir wirklich wichtig ist im Leben. Diese Werte sollen dich als roter Faden nicht nur an dein Ziel bringen, sondern im Idealfall auch ein Leben lang begleiten. Du kannst in Situationen, in denen du Entscheidungen treffen musst oder unsicher bist, immer wieder auf sie zurückgreifen und dich an ihnen orientieren. Werte sind zumeist stabile und feste Bestandteile eines authentischen Lebens. Jedoch müssen sie nicht fix und starr sein. Viele Menschen berichten davon, dass sich in ihrem Leben Wertvorstellungen auch schon geändert haben, meist zum Positiven hin. Sieh dies als Chance, mit deinen Werten auf lange Sicht zu wachsen.

POTENZIALE

Neben den eigenen Werten sind es auch die eigenen Potenziale, die auf dem Weg zum Erreichen deines Ziels als wichtige Helferlein bezeichnet werden können. Potenziale sind den meisten von uns bekannt, die meisten von uns wissen jedoch nicht, dass sie sich in unterschiedliche Bereiche aufteilen können. Das Wort Potenzial leitet sich aus dem Lateinischen ab von *potentia*, also Stärke, und steht für die Fähigkeit zur Entwicklung, also für die noch nicht ausgeschöpften Möglichkeiten.

Potenziale sind das, was umgangssprachlich in uns schlummert und zum Leben erweckt werden will. Gerade im Businessbereich werden Potenzialanalysen gerne bei Vorstellungsgesprächen oder in Assessmentcentern genutzt, um verborgenes Leistungsvermögen sichtbar zu machen und die Eignung einer Person für eine bestimmte Position aus den Ergebnissen ableiten zu können. Mir geht es hier um die Frage, wie du deine Potenziale nutzen, also aus dir hervorlocken kannst, um sie für das Erreichen deines persönlichen Ziels zu nutzen.

> Potenziale sind die Summe aus Wissen,
> Erfahrungen, Kompetenzen, Eigenschaften,
> Überzeugungen, Interessen und Neigungen,
> die einen Menschen ausmachen und auch
> als »Persönlichkeit« beschrieben werden.

Potenziale lassen sich zudem in sechs Bereiche unterteilen. Da sie nicht ständig zum Einsatz kommen bzw. abgerufen werden müssen, sind sie auch als mögliche Zukunftsbegleiter zu bewerten.

BEWUSSTE POTENZIALE

Sie sind uns bekannt, weil wir sie belegen können durch zum Beispiel erworbenes Fachwissen im Studium; die Fähigkeit zur Schlichtung von Konflikten und vieles mehr.

UNBEWUSSTE POTENZIALE

Wie der Name schon sagt, sind sie uns nicht (immer) bewusst. Vielleicht weiß jemand gar nicht, dass er gut darin ist, andere Menschen zu motivieren und tolle Reden auf großen Bühnen zu halten, weil er es noch nie probiert hat oder je darüber nachgedacht hat.

GENUTZTE POTENZIALE

Das sind die, die man auch anwendet. Ob nun EDV- oder Sprachkenntnisse, handwerkliches Geschick oder Origami. Man ist sich dieser Potenziale bewusst und setzt sie auch um und ein. Dies sind Potenziale, auf die man am leichtesten zugreifen kann.

BRACHLIEGENDE POTENZIALE

Hierbei ist es wie mit dem Fahrradfahren. Man verlernt es nicht, doch man nutzt es auch nicht. Wer nach zehn Jahren das erste Mal wieder

Klavier spielt oder eine Fremdsprache spricht, merkt zwar, dass es etwas holpriger ist, als es früher mal war, kann aber auf bereits Erlerntes zurückgreifen.

ENTWICKELBARE POTENZIALE

Hierzu zählen eigentlich alle, für die man eine Motivation und die erforderlichen Voraussetzungen mitbringt, sprich physisch oder kognitiv. Das sind also die Lernpotenziale.

NICHT ENTWICKELBARE POTENZIALE

Dies sind im Gegenteil Entwicklungsfelder, die man selbst mit Anstrengung für sich persönlich nicht erschließen kann. Manch einer wird niemals ein Sänger oder eine Ballerina werden, hat dafür aber Talente in ganz anderen Bereichen. Mir geht es hier darum, solche nicht entwickelbaren Potenziale anzuerkennen und damit auch die eigenen Grenzen, denn nur dann kannst du Alternativen identifizieren.

 **MEINE POTENZIALE**

Um dir über deine ganze Bandbreite an Potenzialen bewusst zu werden, beantworte doch zur Übung bitte einmal die folgenden Fragen. Da es hier auch um Schwächen und Grenzen geht: Sei bitte ehrlich mit dir und deinen Möglichkeiten.

Was sind deine bewussten Potenziale?

....
....
....

Was könnten unbewusste Potenziale von dir sein? Befrage hierzu auch gerne Familie, Freunde oder Bekannte.

....
....
....

Welche Potenziale nutzt du aktiv?

....
....
....

Welche liegen brach und warum?

....
....
....

Welche Potenziale könntest du noch entwickeln?

....
....
....

Und bei welchen ist »Hopfen und Malz verloren«?

....
....
....

Welche Alternativen bieten sich an, wenn du Grenzen deiner Möglichkeiten erkennst?

....
....
....

KOMPETENZEN

Kompetenzen gehören ebenfalls in den Bereich der Potenziale und können ganz allgemein als Fähigkeiten definiert werden, die durch Erfahrung, Training oder Wissen erworben wurden. Es gibt hierbei unterschiedliche Kompetenzbereiche.

SACHKOMPETENZ

Diese kann auch als das berufliche Know-how beschrieben werden und ist meist tätigkeitsbezogen.

FACHKOMPETENZ

Auch hier besteht häufig ein beruflicher Bezug. Jedoch bezeichnen wir auch Hobbys, Interessen oder Leidenschaften als Bereiche, in denen du über Fachkompetenz verfügst. Wer sich in seiner Freizeit mit bestimmten Philosophierichtungen beschäftigt und dazu viele Bücher gelesen hat, kann dies ebenfalls als Fachkompetenz betrachten.

METHODENKOMPETENZ

Auch hier denkt man zunächst vielleicht hauptsächlich an den beruflichen Bezug. Wer aber als Hobbybäcker weiß, wie man eine Fondanttorte luftblasenfrei ummantelt oder als Bonsaizüchter in seiner Freizeit die naturnahsten Ergebnisse hervorbringt, weiß vermutlich auch, welche Methoden es gibt, wie man Probleme löst oder sich Informationen beschafft.

SOZIALE KOMPETENZ

Soziale – auch emotionale – Kompetenzen besitzen Relevanz für unser gesamtes Leben. Ob nun im Umgang mit der Kindergärtnerin der eigenen Tochter, dem Schwiegervater, der Kassiererin im Supermarkt usw. Diese persönlichen Kompetenzen, auch Verhaltenskompetenzen genannt, können uns im Umgang mit anderen das Leben erleichtern oder erschweren. Wer einen sozialen Beruf ausübt, darf hier Doppelnennungen haben mit Fachkompetenzen.

Für die Umsetzung der eigenen Ziele sind alle Kompetenzen relevant. Ich möchte hier aber – es geht ja um Druck von außen oder im Inneren – den Fokus auf die sozialen Kompetenzen legen, von denen ich dir hier einige nennen möchte. Frag doch einmal für dich ab, ob du über viel oder wenig der genannten sozialen Kompetenzen verfügst.

KOMMUNIKATIONSFÄHIGKEIT

Diese drückt sich nicht nur durch die eigene klare Ausdrucksweise bzw. das Sprachvermögen aus, sondern auch dadurch, dass man beispielsweise für andere nachvollziehbar argumentieren kann. Ich verstehe darunter auch das aktive Zuhören und somit auch die Fähigkeit, sich auf das Gegenüber einstellen zu können.

> Wozu ist Kommunikationsfähigkeit wichtig in Bezug auf die Zielerreichung?

Wenn es um die Umsetzung neuer Ziele geht, die vielleicht auch beinhalten, dass man sich von anderen Menschen liebevoll abgrenzen möchte, ist die Art und Weise, dies kommunizieren zu können, ausschlaggebend. Kommunikative Kompetenzen sind natürlich erlernbar. Jedoch fällt es Menschen leichter, sie anzuwenden, die von sich selbst glauben, eine gute Kommunikationsfähigkeit zu besitzen.

KONTAKTFÄHIGKEIT

Von sich aus auf andere zugehen zu können, Small Talk ebenso gerne wie tiefer gehende Gespräche zu führen und eine gewisse Neugierde zählen hier zu den Hauptkriterien. Kontaktfähigkeit zeigt sich jedoch auch darin, wie wir anderen Menschen Vertrauen entgegenbringen, ob wir eine innere Sicherheit gegenüber Unbekanntem haben. Die Kontaktfähigkeit muss nicht unbedingt etwas mit dem Maß der eigenen Extrovertiertheit zu tun haben, kann aber hierdurch gefördert werden. Es heißt aber umgekehrt nicht, dass Introvertierte weniger kontaktfähig wären.

> Inwiefern spielt Kontaktfähigkeit eine Rolle beim Erreichen der Ziele?

Wer bislang Druck von außen verspürt hat, weil er sich nicht in der Lage sah, andere um Hilfe zu bitten, könnte durch die Verbesserung der eigenen Kontaktfähigkeit neue und hilfreiche Verbindungen aufbauen. Der empfundene Druck würde nachlassen, alles allein schaffen zu müssen.

Ebenfalls hilfreich für das Erreichen des persönlichen Ziels kann es sein, neue Ziele anderen angemessen mitzuteilen und sich in einen Austausch zu begeben. Nicht umsonst werden Erfolgsteams[15] immer beliebter. Hierbei treffen sich Menschen regelmäßig, um sich gegenseitig bei der Zielerreichung zu unterstützen.

TEAMORIENTIERUNG

Für viele, die mit Druck zu kämpfen haben, steht die Berufswelt im Fokus, aber eine Teamorientierung bezieht sich natürlich genauso auf den

---

15   U.a. auf Barbara Sher, Coach und Autorin, zurückzuführen

privaten Bereich. Eine Familie ist letztlich auch ein Team ebenso wie ein Freundeskreis, die Hobbykollegen oder die Nachbarn. Andere Meinungen zu respektieren, aufgeschlossen zu sein und anderen aus Schwierigkeiten herauszuhelfen charakterisiert diese Orientierung. Ebenfalls dazu gehört es, Ideen aufzugreifen, sie voranzutreiben, Rivalitäten zu vermeiden und Möglichkeiten der Zusammenarbeit zu nutzen.

Inwiefern ist das wichtig für das Erreichen meines Ziels?

Als soziale Wesen sind wir nie wirklich auf uns allein gestellt oder können komplett autark agieren. Auch wenn manche dies gerne hätten, so leben wir doch immer in einem Miteinander mit anderen. Für die eigenen Ziele bedeutet dies – ähnlich wie bei der Kontaktfähigkeit –, dass man sich fragen sollte, ob man sich auf sich allein gestellt auf ein Ziel hinbewegen möchte oder ob man die Kraft eines Teams nutzen möchte. Hat man beispielsweise mit enormen Wutausbrüchen und Aggressionen zu kämpfen, die man selbst nicht mehr in den Griff bekommt, könnte man sich fragen, ob man sich die Unterstützung einer Selbsthilfegruppe zu diesem Thema einholen möchte (oder einen Therapeuten oder Coach). Hat man als Ziel, mehr in eine Work-Life-Balance zu gelangen, tut sich aber als alleinerziehende Mutter recht schwer damit, könnte ein Netzwerk von Alleinerziehenden helfen, sich gegenseitig bei der Kinderbetreuung zu helfen.

KONFLIKTFÄHIGKEIT UND RESILIENZ

Unter der individuellen Konfliktfähigkeit versteht man, inwieweit jemand in der Lage ist, sich Konflikten zu stellen und konstruktiv damit umzugehen. Kann man beispielsweise den eigenen Standpunkt sachlich vertreten? Ist man in der Lage, Ich-Botschaften zu senden, statt im Du-

Imperativ zu verharren? Ist man bereit für Lösungen, die Kompromisse beinhalten. Die Kommunikationsfähigkeit spielt hierbei ebenfalls eine wichtige Rolle. Die eigene Resilienz hängt unmittelbar hiermit zusammen. Sie wird als schließlich als psychische Widerstandskraft verstanden, und genau die benötigen wir in Konflikten oder Krisensituationen.

Inwiefern ist das wichtig für das Erreichen meines Ziels?

Wer neue Ziele erreichen möchte, wird dies meist nur durch Veränderungen bisheriger (Verhaltens-)Muster erreichen können. Veränderungen sind toll, aber möglicherweise ist nicht jeder im Umfeld damit einverstanden, dass man selbst aus eingespielten Rollen aussteigt. Auch wenn alle eigentlich nur das Beste für einen wünschen, kann eine Veränderung auch bedeuten, dass bestimmte Mechanismen bei anderen Menschen infrage gestellt werden. War man beispielsweise für die eigenen Eltern immer das »Sorgenkind«, das aufbrausend war, dadurch häufiger in Konflikte geriet und durch die Eltern gerettet werden musste, so könnte man meinen, dass die Eltern bei einer Veränderung dieses Verhaltens in einen Freudentaumel geraten müssten, weil ihre Sorgen nun der Vergangenheit angehörten. Interessanterweise ist das aber nicht immer der Fall. Denn mit dem »Rausboxen« oder »Rettenmüssen« des Kindes waren bestimmte Rollenfunktionen für die Eltern verbunden. Sie mussten es nicht loslassen, sondern es blieb vielleicht auch mit vierzig immer noch das »Kleine«. Es mangelt vielleicht an Zutrauen in die Fähigkeiten des Kindes, zugegeben, aber im Vordergrund steht dann, dass sich die Eltern nutzlos fühlen können. Letztlich ist das Veränderung auch immer eine Machtfrage, das sollten wir im Auge behalten.

Willst du neue Ziele erreichen und Veränderungen in deinem Leben bewirken, solltest du dich daher darauf einstellen, dass nicht alle und jeder damit so glücklich sein könnte wie du selbst. Veränderungen lösen manchmal ungeahnten Gegenwind aus. Je konfliktfähiger oder resilienter man selbst ist – oder lernt es zu sein –, desto leichter kann man sich darauf einstellen und mit den Reaktionen umgehen.

LERNFÄHIGKEIT

Unter dieser Fähigkeit versteht man unter anderem auch Reflexionsfähigkeit. Mir jedenfalls geht es hier nicht nur um das reine »Pauken«. Neue Ideen zu entwerfen, aus Fehlern zu lernen, aufgeschlossen zu sein, Neues dazuzulernen gehört ebenfalls dazu. »Ich weiß, dass ich nichts weiß« ist zwar ein Satz aus der Antike, spiegelt aber Wissbegierde, Offenheit und Lernfähigkeit als Grundeinstellung wider.

Inwiefern betrifft das mich und das Erreichen meiner Ziele?

Besonders für Menschen, die dazu neigen, sich selbst unter enormen Druck zu setzen, ist die Lernfähigkeit etwas, was sie in Bezug auf das Erreichen selbst gesteckter Ziele eventuell entlasten kann. Zu wissen, dass man nicht direkt alles können oder wissen muss, wenn man neue Wege geht, harmoniert mit einer perfektionistischen Haltung. Wer sich selbst Zeit und Raum für das Lernen, d.h. auch für die persönliche Entwicklung gibt, nimmt sich selbst den Druck. »Es ist noch kein Meister vom Himmel gefallen« klingt zwar manchmal etwas »abgenudelt«, kann aber helfen, gnädiger oder wohlwollender mit sich selbst umzugehen.

EINFÜHLUNGSVERMÖGEN

Empathie ist eine Fähigkeit, die in vielen Berufssparten vorausgesetzt wird und hauptsächlich Frauen abverlangt wird. Sie ist jedoch nicht frauenspezifisch. Dies hat vermutlich immer noch mit der Sozialisation zu tun. Empathie ist die Fähigkeit, Gefühlslagen anderer zu deuten und auf sie eingehen zu können. Zu erkennen, dass mein Gegenüber wütend ist und eventuell unsachlich werden könnte, entlastet enorm im Alltag. Es geht beim Einfühlungsvermögen aber neben der Wahrnehmung der Gedanken und Gefühle des Gegenübers auch um eine realistische Einschätzung der eigenen Wirkung. Wer immer aneckt und sich dabei nie selbst, sondern immer die anderen infrage stellt, hat keinen guten Bezug zum eigenen Verhalten. Wer sich in dieser Weise außerstande sieht, sich in die anderen einzufühlen, hat sich das Muster »Ich bin okay. Du bist nicht okay.« zu eigen gemacht und sich dadurch den Zugang zu den eigenen Gefühlen wie Schmerz oder Traurigkeit verbaut.

Inwiefern ist das wichtig beim Erreichen meines Ziels?

Wenn man Veränderungen umsetzen möchte, können, wie erwähnt, einige Menschen im engsten Umfeld manchmal weniger begeistert reagieren als gewünscht. Eventuell hat man selbst in der Vergangenheit wenig empathisch agiert. Manche beziehen ihre Partner nicht in den Veränderungsprozess mit ein, sondern überrumpeln sie nur mit dem Ergebnis. Oder aber sie geraten von einem in das andere Extrem. Wer zuvor schnell wütend wurde, wenn etwas von ihm verlangt wurde, nickt auf einmal wie ein braves Lämmchen und macht sich bedächtig wie Buddha an die Umsetzung. Das eigene Maß bei der Zielumsetzung zu finden ist das eine. Den Bezug zu den anderen nicht zu verlieren und sich selbst ebenfalls nicht, ist das andere.

Du weißt inzwischen, wie wichtig es ist, dass du dich selbst einschätzen kannst. Daher möchte ich dich nun bitten – ähnlich wie beim Druckzirkel –, eine Selbsteinschätzung bezüglich deiner sozialen Kompetenzen abzugeben. Ein Feld wurde extra für dich freigehalten, das du mit einer weiteren Kompetenz deiner Wahl bewerten kannst. Auf einer Skala von 1 (ganz und gar nicht zutreffend) bis 10 (absolut zutreffend) kannst du nun wieder ankreuzen, inwiefern du glaubst, über die genannten Kompetenzen zu verfügen. Verbinde am Ende wieder alle Punkte miteinander und lasse das Bild auf dich wirken.

DEIN PERSÖNLICHER KOMPETENZZIRKEL

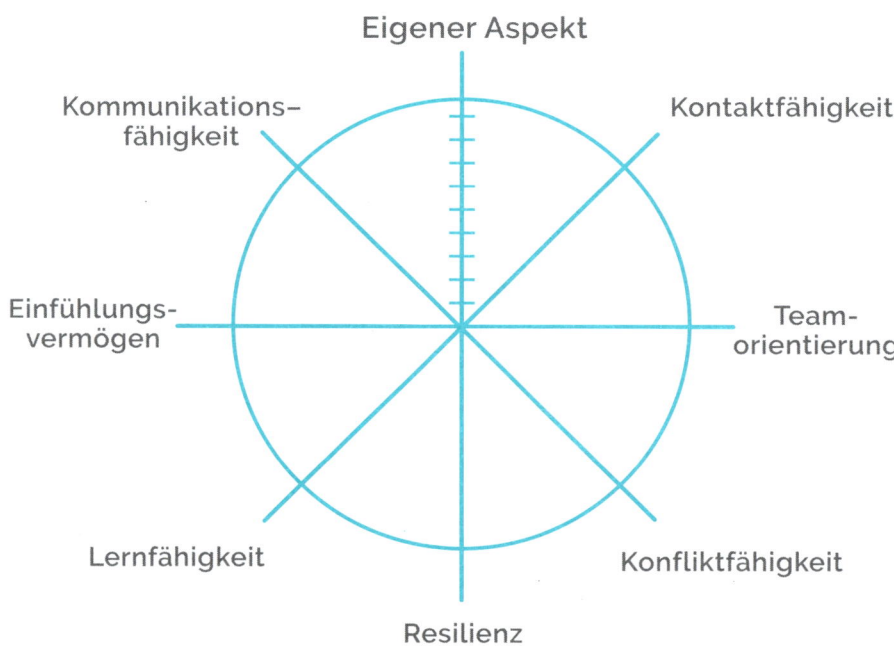

MEINE KOMPETENZEN

In welchen Bereichen verfügst du bereits über die Kompetenzen?

....
....
....

Und in welchen sind sie ausbaufähig?

....
....
....

Hast du eine Idee, wie du sie ausbauen könntest?

....
....
....

Inwiefern wäre das hilfreich für dich?

....
....
....

RESSOURCEN

In dir schlummern Ressourcen, über die du neben persönlichen Ressourcen und Potenziale wie Fähigkeiten, Erfahrungen, Einstellungen, Werten und Motivation verfügst. Kontextbezogene Ressourcen hingegen meinen die Unterstützung durch Familie, Partner, Freunde, Arbeitgeber und stehen in engem Zusammenhang mit Handlungs- und Entwicklungsspielräumen.

Weshalb mir diese Unterscheidung wichtig ist?

Wir können als soziale Wesen nicht immer alles komplett in der Hand haben. Zwar planen wir Veränderungen und können uns darüber bewusst werden, welche Schritte wir dafür gehen möchten. Jedoch ist das Leben nun einmal nicht auf allen Ebenen so planbar, wie man es oft gerne hätte. Es kann daher hilfreich sein, die Außenfaktoren mit einzubeziehen. Auch der schönste Plan kann an Zufällen oder Widrigkeiten scheitern, wenn wir die äußeren Faktoren nicht berücksichtigen. Positiv gesehen kann das Außen aber auch mit dazu beitragen, dass wir selbst unsere Ziele leichter erreichen. Die Bewusstwerdung und Nutzung der eigenen Ressourcen ist somit ein elementar notwendiger, letzter Schritt, bevor es an den letzten und wichtigsten Punkt gehen kann: die Umsetzung deiner Ziele!

7.
UMSETZUNG:
GO FOR IT!

Nach der Transformation negativer Glaubenssätze, dem Setzen neuer Ziele und dem Blick auf die dafür vorhandenen Ressourcen geht es jetzt für dich an den letzten und wichtigsten Teil der Entwicklung: Du kommst ins Handeln und gelangst somit Schritt für Schritt an dein(e) Ziel(e). Bei der Umsetzung notwendiger Schritte zur Zielerreichung stellen sich vermutlich die Fragen: Wie genau gelange ich ans Ziel? Wo fange ich an? Was, wenn es nicht klappt? Oder anders gefragt: Was könnte mich daran hindern loszulegen? Wo stehe ich mir selbst im Weg? Und wo hindern mich äußere Umstände?

Die Frage ist also nicht nur »Wie kann ich starten?«, sondern auch »wann«? Während man die Zielerreichung zumeist leicht vor Augen hat und sagen kann »In einem Jahr werde ich dies oder jenes erreicht haben.«, fällt es häufig schwerer, den Zeitpunkt festzulegen, an dem man mit der Umsetzung beginnt. Wann ist der beste Starttermin? Dies kann mit Ängsten verbunden sein, beispielsweise mit der Angst, zu scheitern, der Angst vor den Reaktionen des Umfelds oder aber paradoxerweise auch der Angst vor Erfolg. Die Betrachtung der Chancen und Risiken – bezogen auf Stärken und Schwächen – war im vorherigen Kapitel daher eine wichtige Vorbereitung für den Moment, in dem es losgeht.

Nun ist es für uns an der Zeit, uns gemeinsam mögliche Ängste, Blockaden oder Stolpersteine anzuschauen. Gleichzeitig werden wir aber auch das Positive in Betracht ziehen und auf Fragen eingehen wie: »Was motiviert mich, dieses Ziel zu erreichen?« – »Wie gelingt es mir, am Ball zu bleiben?«

PERFEKTIONISMUS

Leider tritt nun in diesem wichtigen Moment in Erscheinung, was wir bisher nur kurz angerissen haben: ein wahres »kleines Monster«, das sich in Kombination mit Ängsten gerne zeigt: der Perfektionismus. Mit diesem Begriff kann vermutlich jeder etwas anfangen. Für den einen ist Perfektionismus negativ belegt, für den anderen eine wahre Gabe, die zu Höchstleistungen motiviert. Mit dem Stress, der ja auch hinderlich oder förderlich sein kann, verhält es sich ähnlich wie mit Perfektionismus. An sich bedeutet das Wort ja »nur«, dass man das Bestreben hat, eine Sache mit großer Sorgfalt und einem hervorragenden Ergebnis abschließen zu wollen, wobei es möglichst gilt, Fehler zu vermeiden. Wie aber bereits anhand einer der Regeln des inneren Antreibers erkannt wurde, kann ein »Sei perfekt!« eben auch zu hohem Druck und negativen Folgen auf Körper und Seele führen.

Was also hat es mit Perfektionismus auf sich, der nicht förderlich ist für uns? Wie drückt er sich aus? Und wie kann man dieses »kleine Monster« am Schopfe packen und aus dem eigenen Leben vertreiben? Was bedeutet es überhaupt, perfektionistisch zu sein? Und vor allem, woher kommt das?

Die Ursachen für Perfektionismus liegen bei den meisten bereits in der Kindheit. Dabei ist eine Kombination aus bereits angeborenem eigenem Anspruchsdenken sowie der individuellen Lernerfahrung möglich. Hier stellt sich die »Henne-Ei-Frage«, sprich: »Was war zuerst da?« Schlummerte vielleicht schon immer etwas in mir und wurde durch meine Erziehung gefördert oder habe ich die eigenen Erwartungen an mich selbst von mir aus in die Höhe getrieben? Spielt die Antwort auf diese Frage wirklich eine Rolle: Würde es mir helfen, wenn ich wüsste, dass meine Eltern »Schuld« an meinem Perfektionismus sind? Oder wäre es hilfreicher, zu überlegen, wie ich den Mechanismus an sich besser verstehen und langfristig durchbrechen kann?

Ursachen für Perfektionismus habe ich bereits im Kapitel »Erkenntnis: Verstehe, was in dir passiert!« angesprochen. Du hast dort erfahren, dass es negative Glaubenssätze gibt, die dich antreiben und dazu führen, dass du inneren Druck empfindest. Was jedoch noch nicht genauer erklärt wurde, ist, dass es einen Zusammenhang zwischen diesen Glaubensmustern, also den Lernerfahrungen, und einer womöglich ungestillten Sehnsucht gibt nach Anerkennung oder Wertschätzung. Perfektionistisch veranlagte Menschen verbinden (unbewusst) Leistung mit einer positiven Reaktion. Und diese Verknüpfung ist es, die dazu führt, dass im Gegenzug Fehler unbedingt vermieden werden müssen. Die einfache Regel könnte lauten: »Nur wenn ich etwas perfekt mache, werde ich geliebt.« Man bringt sich und das Ergebnis seiner Leistungen also in eine direkte Verbindung mit der zu erwartenden Wertschätzung. So gesehen, ist jemand nur liebenswert, der etwas richtig gut macht. Macht man Fehler, wird man nicht oder weniger geliebt. Diese fatale Kombination bedeutet gleichzeitig leider, dass man als Mensch nicht für das eigene »Sein« geliebt werden kann. Es geht demnach im Leben vornehmlich um das »Tun«. Natürlich hängt das damit zusammen, dass wir in einer Leistungsgesellschaft leben, das macht es vielen jedoch nicht leichter, sich von dieser negativen Verknüpfung zu befreien. Insbesondere bei Menschen, die arbeitslos geworden sind – sich also erst einmal nicht mehr über ihr »Tun« definieren können –, fällt ganz besonders häufig auf, wie schwer sie sich tun, ihr »Sein« ohne aktuelle Leistungsbeweise definieren zu können. »Wer bin ich schon ohne Job. Jetzt muss ich dem Staat auf der Tasche liegen. Das ist doch das Allerletzte. Bin ich noch nicht einmal in der Lage, für mich selbst zu sorgen?« Solche und weitere niederschmetternde Aussagen habe ich als Coach oft zu hören bekommen. Aber nicht nur auf den Beruf bezogen bedeutet Perfektionismus, dass man nicht gut im »Sein« ist. Wer als Kind zu hören bekommt, dass er »zu laut«, »zu viel«, »zu langsam« ist und erfährt, dass die Eltern unzufrieden sind, wird sicherlich, so er nicht rebelliert, alles dafür tun, es den Eltern recht zu machen. Betroffene setzen alles daran, dass Mama und Papa sie wieder liebhaben. Das

Kind liebt sie ja schließlich auch und vermutlich bedingungsloser, als es selbst geliebt wird. Wenn es dir als Kind auch so ergangen ist, hast du diese Zusammenhänge natürlich nicht kennen können.

Perfektionismus definiert sich demnach, wenn er aus der Kindheit entstanden ist, durch die Sehnsucht nach bedingungsloser Liebe. Eigentlich möchten die Betroffenen nur genauso sein dürfen, wie sie sind. Wer das in der Kindheit erfahren hat, strengt sich auch als Erwachsener über eine definierbare Größe an – eine messbare Leistung –, um endlich in den Genuss der lang vermissten Wertschätzung zu gelangen. Dabei dürfen keine Fehler unterlaufen. Denn Fehler könnten dazu führen, dass die Leistung umsonst war oder aber, dass die Wertschätzung wieder entzogen wird.

Viele von uns können außerdem die Enttäuschung anderer Menschen schwer aushalten. Oder sie meiden das schlechte Gewissen, das sich einstellt, wenn sie vermeintlich selbst verantwortlich dafür sind, dass Mama oder Papa traurig oder wütend sind, etwa weil der gewünschte Erfolg in der Schule ausgeblieben ist und ihnen deshalb die Sicherheit verwehrt ist, dass man es selbst einmal besser haben wird, als die Eltern es je hatten.

Perfektionismus hat eben auch sehr viel mit Loyalität zu tun. Niemand wird sich für einen Menschen oder eine Sache anstrengen und 150 Prozent geben, die ihm nicht am Herzen liegen.

Auf dem Weg aus der Perfektionismusfalle benötigen wir vor allem eines: Liebe und Geduld mit uns selbst. Zu erkennen, in welchen Situationen man zu Perfektionismus neigt, ist der Anfang. Das Runterschrauben der eigenen Messlatte folgt erst später. Worum es eigentlich geht, hast du sicher erkannt: das Annehmen unangenehmer Gefühle. In Menschen, die lernen, die Unruhe oder Besorgnis auszuhalten, die bei einer nicht perfekten Leistung entstehen, macht sich häufig gleichzeitig eine Angst breit, weil sie etwas Neues wagen. Wer es gewohnt ist, immer perfekt und adrett gekleidet mit dem Hund Gassi zu gehen, wird sich sicherlich unwohl fühlen, wenn er das erste Mal auf der Straße in Jogginghose und ungeschminkt aufmarschiert. Dabei spielt auch Angst eine Rolle, die Angst vor der möglicherweise verächtlichen Reaktion anderer. Vielleicht begegnet man ja dieser einen Nachbarin, die immer wie aus dem Ei gepellt den Müll rausbringt und die mal vor ein paar Jahren gefragt hat, ob man gerade erst aus dem Bett gestiegen sei, obwohl man schon länger wach war und sich für normal gestylt hielt.

Auch hier geht es also wieder um Kontrolle und darum, selbst kontrollieren zu können, wie andere Menschen auf einen reagieren. Es stellt sich jedoch hier auch die Frage: »Könnte es nicht auch sein, dass, egal wie sehr man vorbereitet ist, etwas Unvorhersehbares passiert? Kann Perfektionismus die einzig wahre Wunderwaffe sein, um sich vor allen möglichen Angriffen auf die eigene Persönlichkeit zu schützen?« Letztlich geht es bei dieser Art von Kontrolle darum, loszulassen und ins Vertrauen zu kommen. Sich also ohne Angst angreifbar und verletzlich zeigen zu können. Doch vor allem geht es darum, neue Erkenntnisse zuzulassen, neue Erfahrungen und das Erlernen von Vertrauen – in andere und in sich selbst.

Was hat für dich Perfektionismus mit Zielerreichung zu tun? Siehst du ihn als Chance, als Risiko oder keines von beidem?

....

....

....

Für wie perfektionistisch hältst du dich selbst?

(Ganz und gar nicht) 1 ☐ ☐ ☐ ☐ ☐ ☐ ☐ ☐ ☐ ☐ 10 (Absolut)

Wie äußert sich das?

....

....

....

In welchen Lebensbereichen tritt das auf?

....

....

....

Wie äußert sich in dem Kontext dann deine Zufriedenheit?

....

....

....

Und wie zeigt sich Unzufriedenheit?

....

....

....

Wie reagieren Familie, Partner, Freunde, Kollegen auf deinen Perfektionismus?

....

....

....

Wann hat er dir schon einmal geholfen?

....

....

....

In welchen Situationen war er eher hinderlich?

....

....

....

Was denkst du, woher stammt dein Perfektionismus?

....

....

....

Welche bislang erarbeiteten negativen Glaubenssätze kannst du mit Perfektionismus in Zusammenhang bringen?

....

....

....

Gibt es noch weitere Glaubensmuster, die für dich mit deinem Perfektionismus zusammenhängen? Ich denke an Sätze wie: »Nur wer hart gearbeitet hat, verdient auch den Feierabend.« Oder: »Man darf sich nicht einfach auf seinen Lorbeeren ausruhen.« Welche fallen dir ein?

....

....

....

Was denkst du, könntest du schon jetzt tun, um dein Leben einen Tick weniger perfektionistisch zu gestalten? Womit könntest du anfangen?

....

....

....

Und was wäre der nächste Schritt?

....

....

....

 # WIE PERFEKTIONISTISCH BIN ICH?

Vollende bitte die folgenden Sätze:

Wenn ich weniger perfektionistisch wäre, dann ...

....

....

....

Wenn ich Fehler machen dürfte, dann ...

....

....

....

Wenn meine Eltern mich bedingungslos geliebt hätten, dann ...

....

....

....

Wenn ich einfach ich selbst sein dürfte, dann ...

....

....

....

Wenn Leistung in dieser Welt keine Rolle spielen würde, dann ...

....

....

....

Wenn ich mit Enttäuschungen besser umgehen könnte, dann ...

....

....

....

Wenn ich meine Gefühle einfach so rauslassen könnte, dann ...

....

....

....

Wenn ich nichts an mir verändern müsste, dann ...

....

....

....

PROKRASTINATION

Neben Perfektionismus stellt die bereits zu Beginn thematisierte »Aufschieberitis«, sprich Prokrastination, eine besondere Art der Blockade für viele von uns dar. Hier kannst du nun herausfinden, welche Ursachen dich womöglich daran hindern, dein Ziel zu erreichen.

ANGST VOR KONFRONTATION

Gerade bei Veränderungen kommt es häufig vor, dass andere involviert sind bzw. die Auswirkungen zu spüren bekommen. Wer Nein sagen gelernt hat und sich jetzt ganz anders positioniert, fordert eventuell mehr vom Gegenüber, als er das früher getan hat. Dies birgt ein Konfliktpotenzial, dem man sich eventuell nicht gewachsen fühlt.

Vermeidest du Veränderungen oder bestimmte Aufgaben, weil du befürchtest, dass es zu Konflikten kommen könnte?

(Ganz und gar nicht) 1 ☐ ☐ ☐ ☐ ☐ ☐ ☐ ☐ ☐ ☐ 10 (Absolut)

Hast du ein ausgeprägtes Harmoniebedürfnis?

(Ganz und gar nicht) 1 ☐ ☐ ☐ ☐ ☐ ☐ ☐ ☐ ☐ ☐ 10 (Absolut)

Was ist für dich das Unangenehmste an Konflikten?

....

....

....

Welche Einstellung könnte dir helfen, dich in Zukunft diesen für dich unangenehmen Situationen zu stellen?

....

....

....

ANGST VOR KONSEQUENZEN

Wer Veränderungen wagt, geht auch immer ein gewisses Risiko ein. Man weiß zuvor nicht, wie andere reagieren oder wie man sich selbst mit der Veränderung fühlt. Findet man es vielleicht gar nicht so toll, wenn das Leben ruhiger wird, weil man weniger Druck und auf einmal mehr Zeit für andere Dinge hat? Was, wenn man gar nicht weiß, was diese anderen Dinge sein könnten? Oder was, wenn der Partner sich trennt, weil er lieber mit der Person zusammen war, die immer alles für ihn getan hat?

Hast du die Befürchtung, dass die Veränderung auch eine Verschlechterung bedeuten könnte?

(Ganz und gar nicht) 1 ☐ ☐ ☐ ☐ ☐ ☐ ☐ ☐ ☐ 10 (Absolut)

Worauf beruht dieser Glaube?

....

....

....

Könntest du dir vorstellen, dass Veränderung auch Verbesserung bedeuten kann?

(Ganz und gar nicht) 1 ☐ ☐ ☐ ☐ ☐ ☐ ☐ ☐ ☐ 10 (Absolut)

Woran machst du das fest?

....

....

....

Was wären positive Folgen, wenn du keine Angst mehr vor Konsequenzen hättest?

....

....

....

ANGST VOR ABHÄNGIGKEIT

Ein besonders spannender Aspekt von Veränderung ist der Wunsch, möglichst unabhängig zu bleiben. Wer negative Erfahrungen gemacht hat, dem widerstrebt es manchmal, Hilfe von anderen anzunehmen oder gar in Abhängigkeit (vom Staat, Partner, Familie) zu geraten. Es ist möglich, dass man dadurch in eine Anti-Haltung gelangt, die einer Arbeitsverweigerung gleichzusetzen ist. Anstatt die Befürchtung oder den Störfaktor direkt anzusprechen, zeigt man lieber innerlich den anderen den Mittelfinger.

Neigst du dazu, bewusst Dinge nicht zu machen, um anderen eine indirekte Lektion zu erteilen?

(Ganz und gar nicht) 1 ☐ ☐ ☐ ☐ ☐ ☐ ☐ ☐ ☐ ☐ 10 (Absolut)

Wer oder was nervt dich dann ganz besonders?

....

....

....

Wurdest du schon häufiger von diesen Personen oder Institutionen enttäuscht?

(Ganz und gar nicht) 1 ☐ ☐ ☐ ☐ ☐ ☐ ☐ ☐ ☐ ☐ 10 (Absolut)

Wie könntest du deine Enttäuschung anders ausdrücken?

....

....

....

Wie wäre die Vorstellung für dich, in Zukunft keine Angst mehr vor Abhängigkeit haben zu müssen?

....

....

....

ANGST VOR DEM SCHEITERN

Wer Aufgaben gar nicht erst angeht, wirkt auf andere so, als fehle es ihm an Motivation oder Selbstdisziplin, und dann gibt es Probleme. Dabei ist nicht Antriebslosigkeit oder der fehlende Einsatz die Ursache, sondern die sich dahinter verbergende Angst, sich womöglich als Versager zu fühlen.

Hast oder hattest du schon einmal Angst, zu scheitern?

(Ganz und gar nicht) 1 ☐ ☐ ☐ ☐ ☐ ☐ ☐ ☐ ☐ 10 (Absolut)

Bist du im Leben bereits gescheitert?

(Noch nie) 1

☐ ☐ ☐ ☐ ☐ ☐ ☐ ☐ ☐

10 (Kann es schon gar nicht mehr zählen)

Was denkst du, woran es gelegen hat, dass du (noch nie/selten/oft/immer) gescheitert bist?

....

....

....

Was sagt man deiner Meinung nach über Menschen, die gescheitert sind?

....

....

....

Was denkst du selbst darüber?

....

....

....

ANGST VOR ERFOLG

Es mag ein wenig paradox klingen, da die Angst vor dem Scheitern vermutlich geläufiger ist als die vor dem Erfolg. Aber Erfolg ist nicht für jeden von uns automatisch mit Glückseligkeit verbunden. Das Sprichwort »Wer Erfolg hat, hat auch Neider« zeigt an, dass man durch ein erfolgreiches Handeln auch unangenehme Reaktionen hervorrufen kann. Ich denke da an Prominente in Zeiten von Social Media, die lernen müssen, mit einem Shitstorm klarzukommen. Gerade die gefühlte Distanz im Internet verleitet Menschen dazu, ihren Neid oder Unmut gegen jene loszulassen, die etwas haben, was sie nicht haben. Wer wirklich glaubt, Erfolg verdient zu haben, geht anders mit negativen Reaktionen anderer um als die, in denen noch Zweifel oder Unsicherheit über den eigenen Erfolg schlummern.

Ist Angst vor Erfolg ein Thema für dich?

(Ganz und gar nicht) 1 ☐ ☐ ☐ ☐ ☐ ☐ ☐ ☐ ☐ ☐ 10 (Absolut)

Woran merkst du das?

....
....
....

Warum glaubst du, Erfolg nicht verdient zu haben?

....
....
....

Wie würde dein Umfeld reagieren, wenn du auf einmal erfolgreich wärst?

....
....
....

Was würde sich in deinem Leben verändern, wenn du Erfolg zulassen und genießen könntest?

....
....
....

Wie wirken sich diese Gedanken auf das Erreichen deines Ziels aus?

....
....
....

Jetzt kennst du verschiedene Ängste, die möglicherweise Prokrastination unterstützen. Vielleicht gibt es aber noch weitere Hindernisse. Versuch einmal, dich an Situationen zu erinnern und dich hineinzuversetzen, in denen es keine der aufgeführten Ängste war, die dich zum Aufschieben verleitet hat, sondern etwas ganz anderes, etwas Situationsspezifischeres. Die folgenden Beispiele können dir helfen, dir ins Gedächtnis zu rufen, was der eigentliche Grund dafür war, dass du eine Aufgabe nicht in Angriff genommen, unzureichend erledigt oder abgebrochen hast. Wenn du dir die Gründe bewusst machst, kannst du eigene Verhaltensmuster aufdecken. Sie geben dir Hilfestellung auch beim Erreichen neuer Ziele.

SITUATION	URSACHE	LÖSUNGSWEG
Mein/Meine Partner/Kollege/ Freundin ist sauer auf mich, weil ich versprochen hatte, bei einer Sache zu helfen, und es seit Tagen/Wochen nicht mache und immer Ausreden erfinde.	Ich habe mir zu viele Termine aufgehalst und schaffe es einfach nicht, alles unter einen Hut zu bekommen.	Ich suche das Gespräch, erkläre die Situation und bitte um Verständnis und lege einen festen Termin vor, den ich auch einhalten kann.
Ich schiebe seit mehreren Tagen/ Wochen eine wichtige Aufgabe auf meinem Schreibtisch von links nach rechts.	Ich habe keine Ahnung, wo ich anfangen soll. Ich möchte es richtig machen und weiß aber noch nicht wie.	Ich mache mir einen Zeitplan und unterteile die Aufgabe in kleine Einheiten. Ich notiere mir offene Fragen und suche mir Hilfe bei der Priorisierung.

Ich glaube, dass mein Partner mich betrügt, und gehe ihm aus dem Weg, indem ich vorgebe, viele berufliche Termine zu haben oder lenke mich mit Freunden ab.

Ich habe Angst, zu erfahren, dass meine Befürchtung richtig ist. Das würde mir das Herz brechen, und ich weiß nicht, ob ich das verkraften würde.

Ich werde mir meiner eigenen Gefühle unabhängig von der Verlustangst bewusst. Ich erinnere mich an meine Werte und suche das Gespräch. Erst dann kann ich wissen, ob meine Vermutung stimmt, und über weitere Schritte nachdenken.

 # ÜBUNG FÜR DEN WEG AUS DER PERFEKTION

Finde nun eigene Situationen, die dir ins Gedächtnis kommen, um sie beispielhaft durchzuspielen. Du könntest aber ebenso gut an dein aktuelles Ziel denken und überlegen, welche Situationen auftreten könnten und sie dann perspektivisch ausarbeiten.

SITUATION	URSACHE	LÖSUNGSWEG

VERMEIDUNGSBESCHÄFTIGUNGEN

Zur Prokrastination gehört, dass man sich Ablenkungen sucht. Man hat dann auf einmal Wichtigeres zu tun und findet einfach keine Zeit, sich der eigentlichen Aufgabe zu widmen. Diese Verlagerung führt jedoch dazu, dass »aufgeschoben nicht aufgehoben« ist. Der innere Berg an Arbeit oder Dingen, die es zu erledigen gilt, wächst stetig. Der Gipfel aber ist irgendwann unerreichbar, sagt das Gefühl.

Was sind typische Vermeidungsbeschäftigungen für dich, wenn es darum geht, dich einer Sache oder Veränderung zu widmen, die dir Unbehagen bereitet?

Mit Freunden Zeit verbringen / telefonieren / chatten

(Nie) 1 ☐ ☐ ☐ ☐ ☐ ☐ ☐ ☐ ☐ ☐ 10 (Immer)

Spielen (Handy, PlayStation, Internet)

(Nie) 1 ☐ ☐ ☐ ☐ ☐ ☐ ☐ ☐ ☐ ☐ 10 (Immer)

Hobbys nachgehen

(Nie) 1 ☐ ☐ ☐ ☐ ☐ ☐ ☐ ☐ ☐ ☐ 10 (Immer)

Wohnungsputz, Gartenarbeit, Reparaturen etc.

(Nie) 1 ☐ ☐ ☐ ☐ ☐ ☐ ☐ ☐ ☐ ☐ 10 (Immer)

Chillen / Nichtstun

(Nie) 1 ☐ ☐ ☐ ☐ ☐ ☐ ☐ ☐ ☐ ☐ 10 (Immer)

Social Media (YouTube, Instagram, Tiktok, Facebook usw.)

(Nie) 1 ☐ ☐ ☐ ☐ ☐ ☐ ☐ ☐ ☐ ☐ 10 (Immer)

Fernsehen / Streaming

(Nie) 1 ☐ ☐ ☐ ☐ ☐ ☐ ☐ ☐ ☐ ☐ 10 (Immer)

Etwas anderes …

(Nie) 1 ☐ ☐ ☐ ☐ ☐ ☐ ☐ ☐ ☐ ☐ 10 (Immer)

Das Gedankenkarussell hast du bereits kennengelernt und auch, wie du damit umgehen kannst. Gerade bei der Prokrastination ist das ein Thema. Unterschätze nicht die Selbstvorwürfe, durch die der gefühlte Druck immer weiter steigt. Gerade Wenn-dann-Gedanken halten den Kreislauf am Leben. Bei einer Wenn-dann-Beziehung geht es ja um Bedingungen. Will man diese Verknüpfung auflösen, ist es hilfreich, anders anzusetzen. Durch ein »Indem-ich/kann-ich« gibt man sich selbst die Erlaubnis, den Grundgedanken weiterzudenken, jedoch ohne ihn an eine Bedingung zu knüpfen. Stattdessen geht die Überlegung in Richtung des wünschenswerten Ziels. Man steigt also aus dem Problemzirkel aus und in den Lösungszirkel ein.

Versuche nun, die Gedanken, die dir am häufigsten durch den Kopf schwirren, selbst neu zu formulieren.

WENN – DANN – ICH – KANN

»WENN-DANN« VS. »INDEM-ICH/KANN-ICH«

Wenn ich mich nicht verändere, dann ...	Indem ich mir neue Verhaltensweisen zulege, kann ich ...
... fühle ich mich weiterhin schlecht/schuldig/verantwortlich.	... kann ich hinterher stolz auf mich sein und steigere meinen Selbstwert.
... werden meine Probleme auf der Arbeit/Familie/Partnerschaft immer größer.	... kann ich stress- und sorgenfreier durchs Leben gehen.
... werde ich niemals mehr im Leben glücklich und zufrieden sein.	... trage ich aktiv meinen Teil dazu bei, auf lange Sicht ein glücklicheres und zufriedeneres Leben zu leben.

Finde nun anhand deiner Ziele deine »Wenn-dann«-Sätze heraus und ändere sie in Indem-ich/kann-ich-Aussagen.

»WENN-DANN« VS. »INDEM-ICH/KANN-ICH«

DAS WENN-DANN-DENKEN

Das Wenn-dann-Denken kann viele Ursachen haben. Vielleicht ist man es aus der Kindheit gewohnt, dass man bestimmte Erwartungen zu erfüllen hatte. Wie oft hört man im Vorbeigehen auf der Straße, wie Eltern zu ihren Kindern sagen: »Wenn du jetzt schön brav bist und aufhörst zu weinen, dann bekommst du nachher auch ein Eis.« Was an sich als Belohnung gedacht ist und von mir hier nicht pädagogisch seziert werden soll, kann sich jedoch manifestieren und bleibt nicht folgenlos. Daraus können auch Glaubenssätze entstehen wie »Wenn ich mich anpasse, bin ich in Ordnung.« oder »Nur wenn ich mich anstrenge, dann werde ich gemocht.«.

Bei der Prokrastination zeigen sich also nicht nur häufig erlernte Muster, sondern tiefe Unsicherheiten und Zweifel. Wer sich ein neues Ziel setzt und sein Verhalten ändern möchte, fragt sich unterbewusst vielleicht: »Schaffe ich das wirklich?« Die Verschiebung der Auseinandersetzung mit dieser unangenehmen Frage gehört essenziell dazu, Dinge nicht in Angriff zu nehmen. Dass von außen dann unqualifizierte Kommentare kommen können wie »Du musst es einfach nur machen« oder »Du bist eben schon immer faul gewesen«, ist wenig hilfreich. Im Gegenteil verstärkt es den Druck bei den Betroffenen.

Die eigenen Unsicherheiten und Ängste können in diesem Zusammenhang als negative oder alte Herangehensweise bezeichnet werden. Denn eigentlich geht man schon von vornherein davon aus, dass etwas nicht klappt. Wie sich das äußert, und was du dem entgegensetzen könntest, zeigen diese Beispiele. Auch hierbei geht es darum, die eigenen Gedanken wahrzunehmen und anzuerkennen, bevor man sie ersetzt. Denn erst dann ist es möglich, die positive und neue Herangehensweise auch zu glauben bzw. für sich selbst als authentisch zu akzeptieren und umsetzen zu können.

ALTE UND NEUE HERANGEHENSWEISEN

ALTE HERANGEHENSWEISE	NEUE HERANGEHENSWEISE
»Was, wenn ich versage?«	»Ich weiß, es wird nicht leicht. Aber ich werde es schaffen!«
»Ich bin einfach nicht so schnell/ gut/intelligent wie andere!«	»Ich verfüge über viele tolle Fähigkeiten und Eigenschaften, mit denen ich mein Ziel erreichen werde!«
»Ich glaube, das ist mir doch zu schwierig/nervig/anstrengend. Das ist nicht das Richtige für mich!«	»Ich habe mich dafür entschieden, diesen Weg zu gehen. Es gibt immer anstrengende Phasen dabei. Wenn ich es geschafft habe, werde ich zurückblicken und stolz auf mich sein, diesen Weg gemeistert zu haben!«

Finde nun eigene Beispiele mit für dich markanten Aussagen, die du häufig benutzt, wenn es darum geht, eine Aufgabe oder Veränderung anzugehen. Bitte notiere dir dann neue mögliche Herangehensweisen.

ALTE HERANGEHENSWEISE	NEUE HERANGEHENSWEISE

Nachdem wir die Prokrastination als eine wichtige Form der Blockade bearbeitet haben, stehen nun die Aspekte an, die förderlich sind im Hinblick auf die Zielerreichung. Wie bereits bei der Zielformulierung erfragt, ist es wichtig für sich zu wissen: »Was motiviert mich, dieses Ziel zu erreichen?« Hierbei steht einerseits das Benefit im Vordergrund und die Frage, was was dabei für einen persönlich rausspringt, ganz im Sinne der Redensart »Mit Speck fängt man Mäuse«. Andererseits sollte man sich darüber im Klaren sein, welche Art von Motivationstyp man selbst ist. Das heißt also nicht nur »Was motiviert mich?«, sondern »Wie motiviere ich mich?«.

Welche Arten von Motivation gibt es? Ich zeige sie dir im Folgenden einmal auf.

Die beiden wichtigsten Motivationsarten sind die intrinsische und die extrinsische Motivation. Intrinsisch bedeutet übersetzt »von innen heraus«, also aus eigenem Antrieb. Extrinsisch ist dann das Gegenteil, also »aufgrund äußerer Umstände«. Zwar könnte man davon ausgehen, dass du wie jeder Leser, der sich dieses Workbook selbst zugelegt hat und an sich arbeiten möchte, auch intrinsisch motiviert ist, was gewünschte Veränderungen und Ziele anbelangt. Aber auch der Gedanke ist nicht abwegig, dass du beispielsweise vom Arbeitgeber, der Frau oder dem besten Freund einen Hinweis erhalten hast, doch mal an deinem Druckpegel zu arbeiten. Vielleicht hast du die Motivation im außen selbst gesehen, weil die angestrebten Veränderungen zu einem besseren Arbeitsklima oder zu mehr Zufriedenheit in der WG führen könnten. Bei der Frage der Motivation im Zusammenhang mit der Zielerreichung gibt es kein besser oder schlechter. Es stellt sich aber die Frage, ob die Menschen, die für andere aufhören, zu rauchen, wirklich langfristig dabei bleiben können. Tatsächlich gibt es sehr unterschiedliche Meinungen, welche Art der Motivation nachhaltiger wirkt.

Du kannst dich also vorab fragen:

Machst du dir die Gründe bewusst, warum du ein neues Verhalten an den Tag legen möchtest, kann dich das langfristig motivieren. Wenn du die Antwort auf die Frage kennst, ob du dir beispielsweise einen Job eher nach den Arbeitsinhalten aussuchst oder weil dich das Gehalt reizt, hast du bereits wertvolle Anhaltspunkte gewonnen bei der Suche nach dem, was dich motiviert. Gleichzeitig hilft dir die Erkenntnis, besser zu verstehen, welche Anreize du brauchst.

Zu den verschiedenen Motivationstypen gibt es zahlreiche Theorien, insbesondere aus dem Wirtschaftsbereich, die aber auf den privaten Bereich übertragen werden können. Sie helfen dir dabei, dich besser zu verstehen und zu erkennen, wie du leichter »am Ball bleiben« kannst, um deine Ziele zu erreichen.

Hier eine Übersicht der fünf Motivationstypen, die der Psychologe Werner Correll aufgestellt hat.

MOTIVATIONSTYP 1: DER SELBSTDARSTELLER

Als Selbstdarsteller liebt man es, im Mittelpunkt zu stehen. Man kleidet sich vielleicht gerne extravagant, fährt ein außergewöhnliches Auto oder Motorrad und wünscht sich ein Leben jenseits des Mainstreams. In der Kommunikation ist man häufig sehr direkt, teilweise dominant und tendiert zu »Me first«. Dabei ist man ein unerschütterlicher Optimist und auf Lösungen bedacht. Die Freizeit verbringt der Selbstdarsteller gerne mit ungewöhnlichen und aufregenden Aktivitäten und kann bei neuen Trends stets mitreden, frei nach dem Motto: Das Leben ist zu kurz, um es mit langweiligen Dingen zu vergeuden. Oder: Lebe lieber ungewöhnlich.

ANSPORNFAKTOREN: SOZIALE ANERKENNUNG

Sich selbst oder einen bestimmten Lebensstil nach außen zu präsentieren bedeutet im Umkehrschluss, dass man auf eine Reaktion der anderen aus ist, gern in Form sozialer Anerkennung als Lob oder Bewunderung. Hier ist die Motivation, ein Feedback zu erhalten, das den eigenen Selbstwert stärkt.

BEISPIEL

Wer so sehr unter Druck steht, dass er die unangenehmen Gefühle durch Essen kompensiert hat, fühlt sich womöglich undiszipliniert und unzufrieden im eigenen Körper. Gut möglich, dass Betroffene sich als Ziel setzen, in Zukunft die Gefühle konstruktiver zu verarbeiten und gleichzeitig sich durch einen geänderten Ernährungsstil etwas Gutes zu tun. Abnehmen, körperlich definierter und fitter zu sein: Menschen mit dem Wunsch nach sozialer Anerkennung könnten sich dann entweder über Fitness-Tracking-Apps selbst motivieren, da sie dort eine ständige Rückmeldung über ihre Fortschritte erhalten. Oder aber sie melden in den sozialen Medien ihre Erfolge, motivieren sogar Dritte, es ihnen gleich zu tun, und erhalten gleichzeitig Rückmeldungen. Der Trend zu »Vorher-nachher«-Accounts bzw. der Darstellung der eigenen »Heldenreise« basieren auf diesem Mechanismus. Nicht umsonst wünschen sich viele Menschen Likes für das, was sie in ihrem Leben bereits geschafft haben. Der Wunsch nach sozialer Anerkennung, also Rückmeldung bzw. Resonanz, kann tatsächlich als Urwunsch des Menschen bezeichnet werden.

MOTIVATIONSTYP 2: DER ÄNGSTLICHE

Menschen, die tendenziell eher ängstlich sind bzw. zu Unsicherheiten neigen, treten meist eher konservativ gekleidet auf. Im Verhalten zeigen sie sich bescheiden und zurückhaltend und lassen anderen gerne den Vortritt. Im Mittelpunkt zu stehen erscheint ihnen unangenehm, da sie sich nicht über andere hinwegsetzen möchte. Beruflich oder privat neigen sie zum Tiefstapeln und reagieren nervös auf Veränderungen oder Unwägbarkeiten. Die Kontrolle über sich und das eigene Leben zu behalten ist eine wichtige Prämisse, weshalb »das Leben ein ruhiger Fluss« ist. Ungefährliche Freizeitaktivitäten werden präferiert und auch mit Partnern oder Frisuren wird kaum experimentiert. Der Traum von der kleinen, heilen Welt mit »Kind, Köter, Kombi« sticht dabei hervor.

ANSPORNFAKTOREN: SICHERHEIT UND GEBORGENHEIT

Menschen, die zu Ängsten oder Unsicherheiten neigen, brauchen vor allem eines: Sicherheit. Dazu sollen möglichst viele Informationen dienen und Routinen, die Stabilität geben können. Sicherheitsbedürftige sehnen sich zudem nach einer Atmosphäre, in der sie sich geborgen fühlen, dann entfalten sie die volle Leistungsfähigkeit. »My home is my castle« und entsprechend ist das traute Heim dann eine elementare und stabile Instanz.

BEISPIEL

Wenn ängstliche Menschen Veränderungen in ihrem Verhalten vornehmen möchten, die andere betreffen, kann es gut möglich sein, dass sie sich zunächst nicht trauen, sie direkt auszuprobieren. Wenn ein unsicherer Mitarbeiter sich das Ziel gesetzt hat, dem Chef oder den Kollegen gegenüber häufiger Nein zu sagen, um weniger Leistungsdruck zu verspüren, kann es helfen, das Neinsagen zuvor in einem sicheren Rahmen zu üben. Ob dies nun in einer Übung, im Rahmen eines Coachings ist oder einfach im vertrauten, häuslichen Umfeld, ist dabei erst einmal nebensächlich. Wichtig ist es, Vertrauen in die eigenen Fähigkeiten zu erlangen, dann ist das anfänglich gefühlte Risiko schon einmal minimiert. Wer mit Freunden, Partnern oder den eigenen Kindern geübt hat, Nein zu sagen, kann dies womöglich dem Chef gegenüber leichter tun.

Wenn man zudem noch lernt, nicht nur der Situation zu vertrauen, sondern den eigenen Fähigkeiten, die nun leichter abrufbar sind, wird man sich mit Sicherheit in Zukunft auch in unbekannten Situationen sicherer und geborgener fühlen. Irgendwann wird man dann vielleicht sogar Freude an einem Roadtrip durch Europa haben und die Abwechslung des Unbekannten genießen können, selbst wenn man zuvor alle Jahre immer an dasselbe Domizil gereist ist.

MOTIVATIONSTYP 3: DAS HERDENTIER

Herdentiere sind hervorragende Teamplayer, da das »Wir« vor dem »Ich« steht. Meist zeigt man sich klassisch-solide und tanzt auch von der äußeren Erscheinung her selten aus der Reihe. Diplomatie steht im Vordergrund, Harmonie ist das Ziel im Umgang mit anderen Menschen. Deshalb werden Streitigkeiten vermieden und alles daran gesetzt, eine angenehme Atmosphäre zu erschaffen. Ein Herdentier setzt auf Bewährtes, engagiert sich in Vereinen oder ehrenamtlich und die Familie steht an allererster Stelle. »Wer, wenn nicht wir?« könnte als Credo angesehen werden.

ANSPORNFAKTOREN: ZUWENDUNG UND VERTRAUEN

Menschen, die sich selbst als Herdentiere einordnen, sind gerne im Austausch mit anderen. Sie entscheiden vielleicht auch ungern etwas allein, weil sie es gehaltvoller finden, wenn unterschiedliche Meinungen unter einen Hut gebracht werden. Die Rücksichtnahme auf andere ist elementar. Der Zusammenhalt steht im Vordergrund. Ähnlich wie bei den Ängstlichen vermeiden Herdentiere das Risiko, sich auf vermeintlich unsicheres Terrain zu begeben.

BEISPIEL

Wer als Herdentier neue Ziele im Leben erreichen möchte, braucht neben der Zuwendung der Umgebung auch deren Vertrauen. Hierbei spielen Erfahrungswerte eine große Rolle. Wer sich das Ziel gesetzt hat, in Zukunft seine Wut rauszulassen, möchte vielleicht erst einmal erfahren, wie es anderen Menschen damit ergangen ist und wie sie es geschafft haben. Hierbei spielt der Community-Gedanke eine große Rolle. Ähnlich wie bei Produkt- oder Urlaubsreise-Rezensionen möchten sich Herdentiere einen Eindruck verschaffen, ob das, was sie vorhaben, auch von anderen als geeignet empfunden wurde. Bevor ein Herdentier etwa in ein Seminar geht, bei dem es seine Wut rauslassen kann, googelt es womöglich Rezensionen oder holt Empfehlungen von Freunden oder Bekannten ein. Wer körperlich Dampf ablassen will und sich hierzu neu im Fitnessstudio angemeldet hat, bittet vermutlich eine vertraute Person darum mitzukommen. Durch diese Zuwendungen von außen wächst das Vertrauen und gleichzeitig bietet sich dadurch auch die Möglichkeit zum Austausch. Gruppenprogramme wie Weight Watchers funktionieren genau nach diesem Prinzip. Das »Gemeinsam sind wir stark« kann als wichtige Motivation für Herdentiere gesehen werden.

MOTIVATIONSTYP 4:
DER ERBSENZÄHLER

Menschen, die sich diesem Typus zuordnen würden, sind nicht nur selbst stets korrekt und ordentlich gekleidet. Man findet in ihrem Haus vermutlich kein einziges Staubkorn. Alles hat seinen festen Platz und Ablagesysteme sind logisch durchdacht. Bei Gesprächen wird nicht nur häufig nachgehakt. Die eigene Meinung bleibt auch nicht im Verborgenen. Fehler werden vermieden oder direkt ausgebügelt und Akribie ist vermutlich bereits mit der Muttermilch aufgesogen worden. »Ordnung ist das halbe Leben« beschreibt dies als Motto trefflich, es gibt Erbsenzählern Halt.

ANSPORNFAKTOREN:
WERTSCHÄTZUNG DER DETAILTREUE

Detailverliebte haben besondere Gaben: Sie sind sehr genau und präzise. Vielleicht erscheinen sie anderen manchmal etwas penibel. Jedoch gibt ihnen diese Fähigkeit die Möglichkeit, in Berufen zu arbeiten, bei denen Detailtreue besonders wichtig ist, ob nun als Goldschmied, Chirurg oder Elektriker. Für das Erreichen selbst gewählter Ziele ist es jedoch wichtig, die eigene Tendenz zum Verzetteln zu kennen. Zeitdruck ist etwas, womit Erbsenzähler überhaupt nicht gut umgehen können, da sie fast zwangsläufig in Konflikt mit der Genauigkeit und Kontrolle geraten.

BEISPIEL

Während manche Menschen sich für ihre Zielerreichung eine kleine To-do-Liste schreiben oder einfach loslegen, benötigt man als Erbsenzähler andere Hilfsmittel. Die eigene Detailtreue fordert dazu auf, sich die notwendigen Schritte ebenfalls sehr detailliert vor Augen zu führen und zu dokumentieren. Da Erbsenzähler gerne zu Pessimismus neigen, kann es helfen, sich statt des Nichterreichten die Erfolge vor Augen zu führen – so präzise wie möglich. Ob dies nun über ausgeklügelte Excel-Listen oder ein Erfolgstagebuch, ähnlich dem Dankbarkeitstagebuch, erfolgt, bleibt jedem selbst überlassen. Aber ein Erbsenzähler sollte sich die eigene Präzision zum Freund machen, wenn er seine Ziele erreichen möchte. Dann bleibt noch genügend Spielraum, um sich weitere Gedanken über neue Systematiken zu machen. Denn »Mit System ans Ziel« ist hierbei das Motto, das diesen Menschen hilft.

MOTIVATIONSTYP 5: DER INDIVIDUALIST

Individualisten lieben es – ähnlich wie die Selbstdarsteller –, einzigartig zu sein. Jedoch stellen sie sich nicht zwangsläufig in den Mittelpunkt und ihre Extravaganz zur Schau. Eine eher lockere und gelassene Einstellung steht im Vordergrund, Individualisten kommunizieren sachlich und selbstbewusst. Im Team zu sein oder zu arbeiten fällt Individualisten leicht, da sie konstruktiv und tolerant sind. Jedoch bevorzugen sie es noch mehr, ihre Ziele allein zu erreichen. Außergewöhnliche Hobbys gehören ebenso wie bei den Selbstdarstellern mit zum Ausdruck ihrer »Lust for Life«.

ANSPORNFAKTOREN: FREIRAUM UND VERANTWORTUNG

Individualisten mögen vor allem eines nicht: einen allzu starren Rahmen vorgeschrieben zu bekommen. Wer nur einen Weg sieht oder nach Schema F sein Leben gestaltet, wird so jemanden zu wenig oder gar nichts bewegen können. Unfreiheit und strenge Kontrolle widerstreben dem Individualisten nämlich. Das Beste holt er aus sich heraus, wenn er einen groben Rahmen oder Eckpunkte erhält, um sein Ziel zu erreichen. »Das große Ganze« spielt hierbei eine elementare Rolle.

BEISPIEL

Individualisten empfinden starke Kontrolle eher als ein Zeichen von Misstrauen und als hinderlich für ihr Vorankommen. Bei der Erreichung von Zielen ist es wichtig, dass der Individualist das Gefühl bekommt, eigenverantwortlich und frei seinen Weg gehen zu dürfen. Aus diesem Grund empfinden Individualisten Druck von außen ganz anders als beispielsweise Herdentiere oder Ängstliche. Wer sich als Individualist das Ziel gesetzt hat, sich dem Druck von außen nicht mehr durch Perfektionismus zu beugen, benötigt für die Umsetzung Freiräume. Methoden können zwar helfen, führen aber durch ihre Starre und Klarheit häufig zu noch mehr Druck. Wer sich selbst die Erlaubnis erteilt, Abwandlungen durchführen zu dürfen, hilft sich selbst enorm. Denn zumeist erwächst aus diesem Freiraum nicht nur mehr Eigenverantwortung, sondern auch Kreativität. Die Erkenntnis, dass man sich orientieren darf, es aber nicht zwangsläufig nur einen Weg zum Ziel gibt, ist tatsächlich elementar. »Der (individuelle) Weg ist das Ziel« wäre als Credo förderlich. Am Ende zählt für Individualisten am meisten, dass sie es auf ihre Art und Weise geschafft haben. Egal, wie der Weg dorthin verlief.

WIE ICH MICH SELBST EINSCHÄTZE

Wie würdest du dich selbst einschätzen?
Fühlst du dich einem oder mehreren Typen zugehörig?

Der Selbstdarsteller

(Ganz und gar nicht) 1 ☐ ☐ ☐ ☐ ☐ ☐ ☐ ☐ ☐ 10 (Absolut)

Der Ängstliche

(Ganz und gar nicht) 1 ☐ ☐ ☐ ☐ ☐ ☐ ☐ ☐ ☐ 10 (Absolut)

Das Herdentier

(Ganz und gar nicht) 1 ☐ ☐ ☐ ☐ ☐ ☐ ☐ ☐ ☐ 10 (Absolut)

Der Erbsenzähler

(Ganz und gar nicht) 1 ☐ ☐ ☐ ☐ ☐ ☐ ☐ ☐ ☐ 10 (Absolut)

Der Individualist

(Ganz und gar nicht) 1 ☐ ☐ ☐ ☐ ☐ ☐ ☐ ☐ ☐ 10 (Absolut)

Inwiefern kann dir diese Selbsteinschätzung für deine Zielerreichung hilfreich sein?

....

....

....

Hätte dir dieses Wissen bei dem Erreichen von Zielen schon in früheren Zeiten helfen können?

(Ganz und gar nicht) 1 ☐ ☐ ☐ ☐ ☐ ☐ ☐ ☐ ☐ ☐ 10 (Absolut)

Was wäre dann anders gewesen?

....

....

....

DIE VERGEBUNG

Du hast vielleicht Fehler erkannt, problematische Verhaltensweisen an dir festgestellt aber auch einen Weg gefunden, den du beschreiten kannst, um etwas ins Positive zu wandeln und ein neues Ziel zu erreichen. Dir persönlich oder anderen zu vergeben, scheint für manche von uns eher ein christlicher Akt als etwas Alltägliches zu sein. Zu Weihnachten, Mutter- oder Valentinstag liegt man sich auf einmal in den Armen, während man die andere Hälfte des Jahres stets unzufrieden war oder gemeckert hat. Manch einem mag es helfen, zu wissen, dass es Tage gibt, an denen man seine Liebe und Zuneigung zeigen kann (oder muss). Jedoch ist es gerade im Kontext mit dem Zulassen von Gefühlen wichtig, dass man negative Gefühle wie Wut, Groll oder Rache nicht nur zulässt oder transformiert. Vielmehr hilft es beim Loslassen auch, den Adressaten des Gefühls freizugeben.

Wer beispielsweise eine schwere Kindheit hinter sich hat, dem kann es schwerfallen, sich vorzustellen, seinen Peinigern zu vergeben. Zu tief sitzen manchmal noch die schmerzhaften Gefühle in Anbetracht dessen, was passiert ist. Hält man jedoch an diesem Schmerz fest und beschuldigt den Täter (wenn auch zu Recht) weiter, wird man in der Opferrolle verharren, da man sich selbst weiterhin von dem Geschehnis abhängig macht.

Natürlich ist es manchmal so, dass man sich Vorwürfe macht. Ein neues Ziel ist identifiziert, und prompt steht die Frage im Raum, warum man erst jetzt dazu in der Lage ist, Dinge in seinem Leben zu ändern, die man vielleicht schon viel früher hätte angehen sollen. Sich oder anderen zu vergeben heißt hierbei aber nicht, zu vergessen. Es soll nicht darum gehen, so zu tun, als ob nichts gewesen wäre oder als ob man in Ordnung fände, was geschehen ist. Vergeben ist ein Akt der Liebe und ein Loslassen: Man lässt das Problem frei und löst sich somit von dem Ballast, den es mit sich bringt. Wer sich selbst vergibt, dass er es bislang nicht geschafft hat, auf Druck von außen locker und gelassen zu reagieren, dem wird es leichter fallen, dies in Zukunft zu tun. Wer anderen vergibt, ermöglicht sich selbst, unbelasteter und mit weniger Druck in die Zukunft zu gehen.

GEDULD

»Übung macht den Meister.« Diese Redewendung können manche von uns sicherlich nicht mehr hören, wurde sie ihnen vielleicht schon ihr halbes Leben gepredigt. Hier geht es aber zum Glück nicht um das Vorbeten uralter Redewendungen. Vielmehr soll mit dieser Überschrift darauf verwiesen werden, was es braucht, um neue Verhaltensweisen an den Tag legen und Ziele erreichen zu können: Geduld.

Gerade für Menschen, die sich leicht unter Druck gesetzt fühlen und zu Perfektionismus neigen, ist Geduld eine Tugend, die nicht leicht fällt. Sie widerspricht den Regeln des inneren Antreibers und ist deshalb fast schon die größte Herausforderung. Geduld bedeutet Ruhe, Akzeptanz und ein Stück weit auch Gutmütigkeit mit sich selbst und anderen. Hier prallen dann gerne die eigenen Anforderungen und Erwartungen mit der Gelassenheit und Zuversicht, die Geduld auch beinhaltet, aufeinander. Zur Geduld gehört eben eine gute Portion an Frustrationstoleranz. Jedoch nicht in dem Ausmaß, dass man sich alles gefallen lässt. Sondern vielmehr im Sinne von: »Ich darf Fehler machen.« Wie bereits erläutert wurde, ist auch die Angst vor dem Scheitern oder Fehlermachen ein mögliches Hindernis, die eigenen Ziele zu erreichen. Da kann es helfen, sich durch regelmäßige Soll-Ist-Abgleiche das bereits Erreichte vor Augen zu führen. Sprich: »Was will ich erreichen, was habe ich davon schon erreicht und was gilt es noch zu tun?«

LERNEN LERNEN

Viele von uns haben das Lernen nicht gelernt. Auch wenn man denkt, dass man durch schulische Ausbildungen im Lernen fit ist, so ist das weit gefehlt. Viele von uns mussten nicht so viel lernen wie andere. Vielleicht waren sie einfach talentierter in manchem. So schön das auch klingen mag: Es fällt ihnen dann häufig in späteren Jahren auf die Füße. Denn wenn es um Persönlichkeitsentwicklung oder andere Bereiche im Leben geht, in denen man vielleicht nicht so fit oder begabt ist, fühlt es sich an, als würde man nicht weiterkommen. Das frustriert und veranlasst manche von uns, auf dem eigenen Level zu verharren und gleichzeitig unzufrieden zu sein. Wer aber weiß, dass mit Lernen nicht nur Auffassungsgabe und Disziplin verbunden sind, sondern eben auch Geduld, Frustrationstoleranz oder aber Neugierde, dem wird es leichter fallen, an schwierigen Stellen nicht aufzugeben, sondern weiterzumachen und sein Ziel zu verfolgen. Wer weiß, dass ein neues Verhalten beim ersten Ausprobieren eventuell nicht direkt so souverän beim Gegenüber ankommt kann gelassener sein und vielleicht sogar über sich selbst schmunzeln. Dann bedeutet es auch etwas, wenn man sagt, dass »noch kein Meister vom Himmel gefallen ist«: Wenn man sich die Erlaubnis geben darf, auch in höherem Alter dazuzulernen.

Eines ist gewiss:
Die Arbeit an uns selbst endet womöglich nie.
Selbst wenn wir uns als Individuen in voller Gänze,
mit all unseren Stärken und Schwächen angenommen haben,
kann es gut sein, dass da immer noch eine neue Aufgabe auf uns
wartet.
Denn das ist das Leben.
Es hält viel für uns bereit.
Es ist wunderschön, aufregend, manchmal schmerzhaft
und teilweise einfach unkontrollierbar.
Und deshalb ist es so unglaublich lebenswert.

WORTE ZUM SCHLUSS ...

Es ist geschafft! Du hast dieses Buch für dich beendet. Du hast es durchgeackert. Du hast die unterschiedlichsten Gedanken und Gefühle durchlebt. Und hoffentlich hast du ganz nebenbei auch ein wenig Freude verspürt! Vielleicht hast du alle Aufgaben für dich erarbeitet oder nur die Hälfte oder gar keine. Hast du einfach nur den Text gelesen? Vielleicht hast du das Buch auch verschenkt oder in die Ecke geworfen. Auf welche Art und Weise du auch immer dieses Buch genutzt hast, es war deine Entscheidung und somit auch die richtige.

Nun kannst du diesen Schluss dafür nutzen, das Gelesene und Erarbeitete Revue passieren zu lassen. Ich möchte dir mit meiner zusammenfassenden Rückschau ermöglichen, das Gelernte besser im Gedächtnis zu verankern. Du kannst abhaken, was du bereits erledigt hast. Ich möchte dich aber auch dabei unterstützen herauszufinden, woran du weiterarbeiten möchtest.

Welche(s) Kapitel ist/sind für dich besonders relevant?

....
....
....

Woran liegt das?

....
....
....

Welche Themen, Übungen oder Tipps kanntest du bereits?

....
....
....

Was war für dich vollkommenes Neuland?

....
....
....

Welche Übungen, Fragen oder Merksätze sind bei dir hängen geblieben, weil sie für dich besonders relevant waren?

....
....
....

Welche (neue) Erkenntnis bringt dich aus deiner Sicht ein großes Stück weiter in deinem Prozess?

....
....
....

Was siehst du als bereits bearbeitet und somit abgehakt an?

....
....
....

Woran könntest du noch weiterarbeiten und wie könnte das aussehen?

....
....
....

Was fiel dir besonders leicht, zu üben oder umzusetzen?

....

....

....

Was war besonders schwer oder unangenehm für dich?

....

....

....

Worauf hattest du so gar keine Lust und hast es auch gar nicht erst versucht?

....

....

....

Was sind zusammengefasst deine wichtigsten Erkenntnisse aus diesem Buch?

....

....

....

Was hat sich durch dieses Buch (bereits) verändert?

....

....

....

Und nun ist noch Platz für deine eigenen, freien Notizen.

Ob To-dos, Gedanken, Ideen oder vielleicht auch Skizzen oder Übersichten.

....
....
....
....
....
....
....
....
....
....
....
....
....
....
....
....
....
....
....
....
....
....
....
....

Es ist nie zu spät, der zu sein,
der du hättest sein können.

George Eliot, Schriftstellerin

IN EIGENER SACHE ...

Wer sich über mich und meine Aktivitäten
auf dem Laufenden halten möchte,
folge mir gerne auf Instagram!
https://www.instagram.com/martina_leisten_coaching/

Wer mehr über meine Coachings und Workshops erfahren möchte,
schaue gerne auf meiner Website.
https://www.martinaleisten.com

Ich freue mich über Feedback
und Anregungen per Mail unter
info@martinaleisten.com

Vielen Dank für deine Aufmerksamkeit,

Martina Leisten

ÜBER DIE AUTORIN

© Daniel Krusch

Martina Leisten, geb. 1978, ist freiberuflich als zertifizierter Life- und Job-Coach tätig. Unter Druck zu stehen kennt sie nicht erst, seitdem sie durch ihren gescheiterten Traum vom eigenen Laden Insolvenz anmelden musste. Über diese Phase ihres Lebens veröffentlichte sie bei mvg ihr erstes Buch Voll verkackt!. Sie selbst kennt Druck in allen Lebenslagen und weiß, was das mit ihrer Seele und ihrem Körper gemacht hat. Als lösungsorientierte Macherin entwickelte sie ein Workbook, das zum Handeln und zu langfristiger Veränderung anregen soll. Die Autorin lebt in Berlin und kommt ihrem lang gehegten Traum vom Leben mit »Mann und Mops am Meer« immer näher.

240 Seiten
16,99 € (D) | 17,50 € (A)
ISBN 978-3-7474-0111-8

Martina Leisten

Voll verkackt

Wie ich auf ganzer Linie
scheiterte und was ich
daraus lernte

Martina Leisten träumt von ihrem eigenen Café in Berlin. Endlich ihre eigene Chefin sein! Doch was anfangs so vielversprechend aussieht, endet in einem Desaster: Privatinsolvenz mit Anfang 30 und das niederschmetternde Gefühl, alles falsch gemacht zu haben. Aber statt den Kopf in den Sand zu stecken, kämpft sie weiter, findet neue Projekte und – scheitert auch hier im großen Rahmen. Unterhaltsam und schonungslos ehrlich erzählt sie von den Hürden, die sie meistert, den Fehlern, die sie macht und der wilden Achterbahnfahrt der Gefühle, die sie durchlebt. Sie zeigt dabei, dass Scheitern zwar richtig scheiße ist, aber zugleich macht ihre Geschichte auch allen Gescheiterten Mut und beweist, dass es völlig in Ordnung ist, den Karren mal richtig an die Wand zu fahren, solange man nur wieder aufsteht, den Staub abklopft und weitergeht.